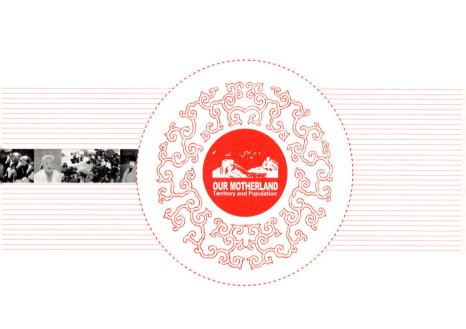

我们的国家
疆域与人口

葛剑雄◎著

复旦大学出版社
www.fudanpress.com.cn

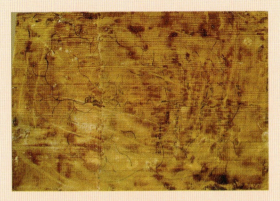

甘肃天水放马滩秦墓出土的战国末期秦国的县地图,描绘了境内的河流、居民地及其名称。现藏于甘肃省文物考古研究所

1973年在湖南长沙马王堆汉墓出土的西汉初期的帛地图,描绘了长沙国南部的地形及县、里的分布

位于今广东广州的西汉南越国宫署遗址

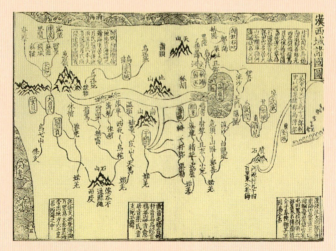

南宋景定年间(1260—1264年)雕版墨印地图《汉西域诸国图》

  本图主要反映了汉代西域诸国的分布,并清晰地绘出了中国通往西域的两条路线。现藏于中国国家图书馆。

位于今新疆吐鲁番东南的高昌故城遗址

位于今海南海口市新坡镇冼夫人纪念馆中的冼夫人雕像

渤海国时期为防御北方黑水靺鞨而修筑的"边墙"

位于今黑龙江牡丹江的渤海国古城墙

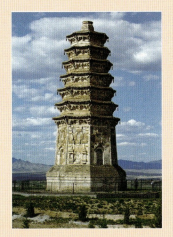

位于今内蒙古巴林左旗的辽上京南塔

元至正四年（1344年）雕版墨印《契丹地理之图》。现藏于中国国家图书馆

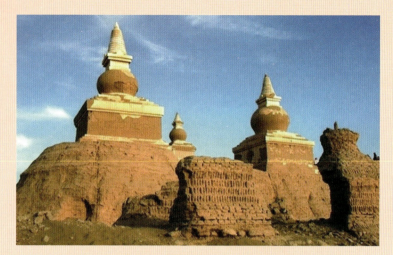

位于今内蒙古额济纳旗的西夏黑水城遗址

位于今宁夏银川市贺兰山东麓的西夏王陵,是西夏王朝的皇家陵寝

清代文人洪亮吉,在其著作《意言》第六篇《治平篇》中讨论了人口增长过快所面临的危机

位于今福建永泰县嵩口镇的官府文告"奉宪永禁溺女碑"

《北齐校书图》中坐在"胡床"上的儒士樊逊

南朝画像砖中的人物所穿的服装,受到了胡服的影响

目录

中国疆域，祖国母亲的胸怀
中国疆域，世界特有的地位

一、中国疆域的类型 / 8

正式行政区	/ 8
特殊行政区	/ 9
军事驻防区、屯垦区	/ 9
民族或地方自治地区	/ 10
实际统治区	/ 11
名义与实质——"称臣纳贡"与羁縻政区	/ 11

二、走向统一的漫长历程：先秦时期 / 14

夏朝	/ 14
商朝	/ 15
西周	/ 17
东周（春秋、战国时期）	/ 18

三、中原王朝疆域的扩大和稳定：秦汉时期 / 22

第一个统一的中原王朝	/ 23
西汉初的困境	/ 26

汉武帝的开疆拓土	/29
匈奴和其他边疆政权	/34
不完全的中兴：东汉的疆域	/35
边疆诸族的内迁和扩张	/37

四、短暂的统一和长期的分裂：从三国至晋、南北朝 /39

三国鼎立的形成	/39
乱世群雄的角逐：从"八王之乱"到十六国的兴衰	/42
对峙中的稳定：北方的统一和再分裂	/50
北方的局部扩张和南方的退缩	/52

五、从大一统到大分裂：隋、唐、五代时期 /56

隋朝行政区域的扩大	/56
空前的扩展：唐朝前期的疆域	/58
强盛后的衰落：安史之乱后的唐朝疆域	/62
边疆政权的消长	/64
大分裂时期：五代十国	/68

六、分裂的延续和结束：宋、辽、金时期 /75

| 北宋和南宋的疆域 | /75 |
| 辽、金和其他政权的疆域 | /79 |

七、牧业民族一统天下：元朝的建立 /85

八、退缩中的中原王朝：明时期 / 92

奴尔干都司的设置与撤销	/ 92
北方和西北诸卫所的内迁	/ 94
南方和西南的退却	/ 96
对西藏主权的延续	/ 99
其他政权的疆域	/ 100

九、统一中国疆域的最终形成：清朝时期 / 102

东北地区的统一	/ 102
从入关到平定台湾	/ 103
击败噶尔丹，蒙古归一统	/ 106
对西藏主权的确立	/ 107
天山南北路归入版图，极盛疆域最终形成	/ 109
帝国主义入侵使疆域变形	/ 112
最贪婪的掠夺者——沙皇俄国	/ 113

十、推动中国疆域形成与稳定的因素 / 117

各族人民的共同奋斗	/ 117
生产力的发展推动统一	/ 121
顺应历史潮流的政策巩固了中国疆域	/ 123
落后腐败导致国土沦丧	/ 126

13亿中国人的来历
——人口与民族

一、历史时期的人口数量 / 134

二、中国人口在世界人口中的比例 / 137

三、人口增长的特点 / 141

增长缓慢	/141
"大起大落"	/141
发展的阶段性	/142
人口增长的阶级不平衡性	/142
人口增长的民族不平衡性	/143

四、影响中国人口增长的主要因素 / 144

自然地理环境	/144
农业生产	/145
战争	/146
政治制度	/147
传统思想和习惯影响	/148

五、中国历史上的移民类型 / 149

自北而南的生存型移民	/149
以行政或军事手段推行的强制性移民	/152
从平原到山区、从内地到边疆的开发性移民	/157
北方牧业或非华夏族的内徙与西迁	/160
东南沿海地区对海外的移民	/161

六、迁移和融合——中华民族的形成 / 165

汉族的壮大	/ 165
少数民族的形成和发展	/ 171
多民族共同体的形成	/ 173

中国疆域,祖国母亲的胸怀
中国疆域,世界特有的地位

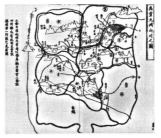

中国，13亿中国人的母亲！是您无比宽阔的胸怀，哺育了世世代代生生不息的中国人。

当我们的先民在这块土地上生存繁衍后，逐渐结成了氏族、部落、部落联盟，并最终形成政治实体，建立起早期的国家。文献记载和考古发现都已证实，在约公元前21世纪，夏朝已经统治了黄河中下游大片土地。历经商、周，至公元前221年，秦始皇建立起一个统一的中央集权制国家。以后的朝代名称各异，它们的疆域也时有盈缩，但总的趋势是逐渐扩大，更加稳定，终于在18世纪中叶的清朝形成中国的极盛疆域，奠定了今天中华人民共和国领土的基础。

至迟在3000年前，出现了"中国"这个名称。起初，中国只是指众多国中接近都城的那些国，即商、周的中心地区及重要的诸侯国。秦、汉时代，已逐渐扩大到指朝廷直接管辖的区域，或华夏诸族（汉族的前身）聚居的地区。历代中原王朝无不以中国自居，边疆或少数民族的政权，甚至藩属国也以作为中国的一部分为荣。明、清时，中国已成为朝代或国家的代名词。1912年，中华民国建立，中国正式成为国家的名称和国号的简称，今天也是我们国家的名称和中华人民共和国的简称。

我们讲中国疆域形成的过程，就是指在这块土地上出现的政治实体、早期国家形成一个统一的国家以后，相互延续的各个朝代的疆域的变化，因此也包括那些先后加入中国的、中原王朝以外的或非华夏（汉族）政权或地区在内。简单地说，即如何从一个个范围不大的城、邦、国发展到一度拥有1300多万平方公里领土（清中期）的国家。

要了解今天的中国，必须了解我们中国人赖以生存和发展的这片土地。要了解祖国的历史，就一定要了解我们的祖先在创造中华文明史的进程中的场所——中国的疆域及其演变的过程。

疆域的变化也从一个重要的方面反映了历史进程。在现代国际关系没有建立起来时，疆域的大小和巩固程度集中体现了一个政权政治、经济、军事、文化发达的水平和国力的盛衰。像清朝前期，由于拥有强大的军事力量，经济得到恢复和发展，又执行了现实的民族政策，在18世纪中叶实现了空前的统一，中国的疆域臻于极盛。但从1840年鸦片战争以后，中国一次次丧失了局部领土。这当然是外部帝国主义入侵的结果，但也是中国国力衰弱、政权腐败的具体表现。

只有了解中国今天全部领土的来历，包括如何逐步形成和稳定的历史,以及近代如何被帝国主义宰割的历史,才能增强我们珍惜国土的爱国热情,激发我们的民族自豪感,鼓舞我们振兴中华的决心。

在世界历史上,中国并不是最古老的国家;在今天的世界上,中国也不是领土面积最大的国家;但中国及其疆域在世界史上却拥有独一无二的地位。

翻开世界史,我们的确可以发现,一些国家或地区的历史比中国更悠久。在中国传说中的三皇五帝时代之前,也就是相当于中国新石器时代的仰韶文化、河姆渡文化时期,埃及人在公元前4241年就有了历法,苏美尔人在公元前3500年就有了楔形文字的雏形,埃及人在公元前3500—前3299年形成城邦,第一乌尔王朝于公元前3000年在幼发拉底河入海处出现,基什王于公元前2870年裁定两河流域两邦间的疆界争执并树立界石,埃及的第三王朝(公元前2780—前2680年)开始建造金字塔。而中国的黄帝时代,一般认为存在于公元前2550年的前后。我们说的"五千年文明史",也是指从黄帝时代以来的一个约数,并不是正好有5 000年。

但是在今天的世界地图上,早已找不到苏美尔人、腓尼基人、基什人的国家,也不见第一乌尔王朝的踪影。埃及作为国家的名字虽然还存在,但今天的埃及人并不是当年法老的后代。从公元前1680年开始,喜克索人、利比亚人、库施人、亚述人、波斯人、马其顿人、罗马人、阿拉伯人、土耳其人等,先后成为这块土地的主人,原来的埃及人早已消失在众多的外来人中,就连从公元前3000年起就长期使用的埃及语也早已成为消

中国疆域:祖国母亲的胸怀　中国疆域:世界特有的地位

亡的语言。不仅埃及，其他文明古国，如巴比伦、印度、罗马等也无不如此。而中国在约公元前21世纪已经建立夏朝，公元前221年秦始皇建立起一个疆域辽阔的统一的中央集权国家。从此，尽管也出现过内乱、分裂、民族战争和改朝换代，但是以汉族（华夏诸族）为主体的多民族政权实体不仅始终存在，而且其疆域范围越来越广，最终凝聚为一个统一的多民族国家，并在18世纪中叶形成了中国的极盛疆域。

解体前的苏联拥有2 240万平方公里领土，是今天中国领土的两倍多。但是如果拿这个国家疆域变迁的历史与中国相比，就与面积间的差距大不相同。直到10世纪后半期，相当于中国北宋初年，东斯拉夫人中的一支基辅罗斯兴起，罗斯王公斯维亚托斯拉夫及其子弗拉基米尔扩大了领土，建立起一个强大的国家。但到12世纪中叶，罗斯就分裂为许多小公国，1223年又被蒙古军队占领，成为金帐汗国的一部分，俄罗斯王公虽还被保留，但只是汗国的下属。14世纪以后，相当于中国的元末明初时，莫斯科大公国逐渐强大起来，伊凡三世（1462—1505年在位）吞并了所有东斯拉夫人的土地，并摆脱了金帐汗国的统治，建立俄罗斯帝国。16世纪后半期，俄罗斯的疆域才扩大到伏尔加河地区，吞并东乌克兰和基辅的事实到1667年才为波兰所承认。俄国于1775年取得黑海北岸地区，1783年夺取克里米亚。17世纪后期扩张到亚洲，18世纪进入远东和中亚，19世纪从中国夺取了一百多万平方公里的领土。第二次世界大战爆发后，苏联通过与德国的交易占据了波罗的海三国，到二战结束才形成了苏联最大的领土范围，但不到半个世纪苏联就解体了。

领土面积略大于中国的加拿大和略小于中国的美国,它们的历史都只有二百多年,而它们的领土定型的时间就更短了。

因此,今天世界上领土最大的四个国家中,中国是唯一拥有历史悠久的稳定疆域的国家。在全世界所有国家中,也找不到类似的例子。

中国疆域,祖国母亲的胸怀　中国疆域,世界特有的地位

一、中国疆域的类型

从有文字记载以来,中国历史上出现过的政权形式、行政制度、管理办法的具体情况非常复杂,不同时期、不同地区和不同民族间的差异很大,疆域的定义很难确定,也不能一概而论。但对疆域的主要类型还是可以归纳为以下几种。

正式行政区

无论是中原王朝,还是地区性的、边疆的、非汉族的政权,这都是构成中国疆域的主要的、基本的部分,一般设置于农业区和半农半牧区,由正式的、分级的行政机构加以管理。这些机构都有固定的或经常性的驻地和明确的管辖范围,对辖区内的人民登记户籍、征集赋役和税收、执行法律。最高统治者拥有对内对外的全部权力。从秦朝（前221年—前206年）以降历代设置的郡、县（邑、道、侯国等），或州、道、路、府、行省（布政使司、省）、厅、设治局的地区，除少数名实不符的以外，都属正式行政区。

特殊行政区

在边远地区、新控制的或新开发的地区、非汉族或非本民族的聚居区所设置的行政机构，统治者给予一定的优待，实行比较松散的管理，如减免部分或全部赋税，不进行经常性的户籍登记。这些单位名称与正式行政区相同，长官也由中央或上一级政府任命。但这种机构往往是一种过渡形式，等条件成熟后就会改为正式行政区，如西汉时在西南和南方新占领区设置的"初郡"、历代在边远地区新设置的行政单位等。

军事驻防区、屯垦区

在边疆地区设置的军事机构，以控制、监护、管理当地的政权或一部分行政事务的区域。如汉以后的西域都护府、西域长史府，唐代大部分的都护府，明代缘边的卫、所，清代的将军等。这些单位都固定或经常性地驻扎军队，实行屯垦，有明确的防区或辖区，长官由中央政府任命，但对辖境内的行政和民事部分行使权力的方式则很不同：有的保留着当地的自治政区，而不干预它们的内部事务；有的完全不负行政责任，而由中央政府委派的另一套行政系统来管理；有的同时兼管民政，因而与上述行政区没有什么区别。

民族或地方自治地区

在少数民族、非汉族聚居区或新控制的地方政权范围内设置的行政区域，有的保持了原有的机构和名称，有的作了一些改变。这些区域的共同特点是：长官实行世袭，或者按照当地原有习惯产生，但必须得到中央或上级政府的批准或确认；长官可以保留原来的称号，但必须承认臣属地位；可以有自己的军队，但对外的军事行动必须得到上级政府的批准，或者接受上级政府的调遣。它们对内有自治权，但自治程度各不相同，有的完全保持原来的民政系统，实行原来的行政制度，对中央不承担赋税和劳役，中央不派驻官员，或者只派起顾问和监督作用的官员；有的必须接受上级政府的派员担任副职，并承担一定的赋税劳役；有的只能管辖境内的本民族人口，或者只能保持本民族的习惯治理，而对非本民族人口和新实施的法令则不能干预。至于那些只保留了原来的首领名义和经济特权，而不再给予任何行政权力的单位，或者仅仅接受中央政府的名义，而实际上完全不受中央政府控制的单位，就不属于这一类型。

实际统治区

一个政权或政治实体实际上控制的、得到相邻政权实际承认或没有受到干预的区域。由于特殊的生产方式、经济落后或范围有限,这类区域内部一般没有设置行政区划或机构,治理的手段也很原始、简单,甚至根本不加管理。有的还有很大的流动性,没有固定的界限,如北方的游牧民族政权、南方的部族统治区、边远地区的民族政权等。出现这种区域主要有两方面的原因,一是当人口太少、太分散时不得不考虑管理成本,二是在对内对外都不存在安全威胁时没有必要花费这样的成本。

名义与实质——"称臣纳贡"与羁縻政区

确定一个地方是不是属于某一政权的疆域,不能仅看名义,而应该看实质;不能从封建的正统观念和狭隘的民族观念出发,而应该站在今天整个中华民族的立场,用唯物辩证的观点作实事求是的分析。

历史上的"称臣纳贡",一般不能作为归属的根据。

所谓"称臣纳贡",大致有三种情况:

第一种是藩属国与宗主国、大国与小国的关系,如明、清时的朝鲜,多数年代是向中国称臣纳贡的,在形式上连新君继位也要向中国报告以便得到认可。但实际上朝鲜有自己完整的国家机构,它的内政不受中国干涉。它对中国称臣既是出于藩属国的地位,也是对大国的敬畏和传统文化的延续。在经济上也不存在剥削与被剥削关系,进贡与赏赐往往是后者的价值高于前者,至少也是相等的。有的政权在向中原王朝称臣纳贡后完全服从朝廷的旨意,自愿处于从属地位。但中原王朝由于国防安全、经济利益或文化差异的考虑,宁可保持大国与小国的关系,而不愿接纳为自己的疆域,如西汉后期与匈奴的关系。至于有的政权在向中原王朝称臣纳贡后完全失去主权,成了王朝统治下的自治地区,那就是另一种性质了。

　　第二种是以称臣纳贡为手段的通商贸易。历史上不少游牧民族和外国商人,为了获得必需的物资或增加贸易量,往往会以进贡为手段,换取中原王朝的赏赐、免税特权或进出口的特许。这是由于正常的贸易经常被禁止,或者得不到合法的保护,而以进贡的形式不仅迎合了统治者的自大心理,而且有厚利可图。因此,并不是这些"进贡"都代表了进贡者所在的国家,更不说明这些国家都成了中原王朝的属国。

　　第三种纯粹是中国统治者的一厢情愿。对方完全是以平等身份派来的外交使节或贸易代表,中原王朝却非要称之为朝贡,这只能证明专制统治者的妄自尊大和愚昧无知。鸦片战争前来中国的西方使者在中国史料中几乎没有不被称为"进贡"、"朝贡"、"请封"的,我们自然不能因此就认为那时的葡萄牙、荷兰、西班牙、意大利、英吉利等国就是中国疆域的一部分。

　　中国历史上还有一种羁縻政区,情况也比较复杂,需要具体分析。

所谓"羁縻",就是一方面要"羁",即用军事和政治的压力加以控制;另一方面要"縻",即以经济和物质利益给予抚慰。这是中原王朝在新征服区或非汉族聚居区设置的特殊政区,虽然也用与正式政区同样的名称,但一般不派遣行政官员,而由当地民族的首领世袭,也不征收赋税徭役。由于羁縻程度、时间长短、周围形势和历史背景等都不相同,有些羁縻政区实际已成为民族自治地区和特殊行政区,有的则仅仅处于称臣纳贡的阶段,有的只是偶然发生过联系,不能作为疆域的一部分。

二、走向统一的漫长历程：先秦时期

夏朝

原始社会后期，在黄河下游出现了传说以尧和舜相继为首领的部落联盟。舜死后，夏族首领禹成为部落首领。但在禹死后，原定的继承人益被禹之子启所杀（一说益自愿让位于启），从此由部落首领推选联盟首领的原始社会传统，转变为一姓世袭、父兄死后由子弟继承的君主制国家，中国历史上第一个朝代——夏产生了。

根据文献记载，夏朝约起于公元前21世纪，经400余年，至公元前16世纪灭于商。夏族主要活动于今河南中西部和山西南部，近几十年来在这一带发现了多处介于晚期龙山文化和早商文化之间的文化遗存，与文献所载夏朝年代和地域相符。其中又以河南偃师二里头遗址所代表的二里头文化一、二期，被学术界公认为夏文化遗存。

文献所载夏的都城或国君居住过的地方有阳城(今河南登封市东南告城镇)、斟（鄩,今河南巩义市旧巩县西南)、帝丘(今河南濮阳市)、原(今河南济源市西北)、老丘(今河南开封市东北)、西河(今河南安阳市东南)、阳翟(今河南禹州市)、安邑(今山西夏县东北)、平阳(今山西临汾市西南)、晋阳(今山西太原市西南)等地,大致反映了夏朝的统治范围。1960年在今河南偃师市西南洛阳老城东约18公里的二里头文化遗址发现大型宫殿建筑遗址,考古学者或认为即斟(鄩)遗址,或认为是桀后期自斟(鄩)"迁于河南"的"河南"。

在夏族之东分布着许多夷族,东夷首领后羿、寒浞等还一度成为夏朝的统治者,到少康和其子杼在位时消灭了夷族首领,夏朝才得到中兴。夏时期存在的方国还有有仍、有莘、有鬲、有缗、有虞、有扈、过、寒、商、缯、亳、葛、斟灌、三朡、昆吾、韦、顾、涂山、防风、英、六、巢等,周围的其他部族有莱夷、九夷、熏育、三苗等,尚未与中原民族发生关系,因而未留下记载的部族肯定更多。

商朝

商族的始祖是契,相传曾协助大禹治水。大约在公元前16世纪,契的13世后裔成汤(天乙)在先后灭了葛、韦、顾、昆吾等国后灭夏朝,将夏朝最后一位君主桀放逐到南巢(一般认为在今安徽巢湖市东北)。

自契至汤,商人的迁徙相当频繁,至少有八次。汤以后又有多次迁移,见于文献记载的有:自亳(今河南商丘市北)迁嚣(一作隞,今河南荥阳市东北,一说即今郑州市),再迁相(今河南内黄县东南),再迁邢(一作耿,今河北邢台市),再迁庇(今山东郓城县北),再迁奄(今山东曲阜市),至盘庚时迁于殷(今河南安阳市)。从此至商亡的273年间不再迁移,仅帝乙以后的君主居于别都沫(朝歌,今河南淇县),因此周人称商为殷,但商人仍自称商。至公元前11世纪,纣(帝辛)为周武王所灭。

自汤至盘庚,商朝几经盛衰,至盘庚侄子武丁在位时国力鼎盛,北伐鬼方、羌方,南征荆蛮,势力到达长江流域,今湖北、湖南、江西都有这一时期的遗址和遗物出土。至武乙在位时,东夷逐渐强大,迁至淮河流域,进而向中原扩展。帝乙和其子纣在位时屡次征伐夷人,虽取得胜利,国力也因此而虚耗。西方的周族兴起,至文王时已受到大多数诸侯的拥戴,至其子武王时,在盟津(今河南孟州市西南黄河边)与八百诸侯和各族首领结盟,联合伐纣,牧野(今河南淇县南、汲县北)一战奠定了灭商的胜局。

商朝周边的方国和戎狄很多,有人方、淮夷、虎方、群舒、有熊氏、越戏氏、祭方、犬方、邢方、基方、余无戎、燕京戎、翳徒戎、西落鬼戎、龙方、䇂方、犬戎、羌方、熏育、土方、危方、鬼方等。较远的还有在今东北和境外的肃慎,西北的氐、羌,长江中游的濮,四川盆地的巴、蜀,浙东的越等族。

西周

周的始祖弃,姬姓,被周人认为是种植稷和麦的创始者,号后稷。相传舜封弃于邰(今陕西武功县西南),传至公刘时迁豳(今旬邑县西)。约公元前12世纪,古公亶父迁至岐山下的周原,逐渐强盛。商纣王时,周传至姬昌,称西伯,死后被追谥为文王。文王因成功地调解了虞(在今山西平陆县)、芮(在今陕西大荔县)间的争端,得到二国的归附,又打败戎人,灭须密(在今甘肃灵台县西南)、黎(在今山西长治市西南)、邘(在今河南沁阳市西北)、崇(在今河南嵩县北)等国,迁都于丰(今陕西西安市沣水西)。其子姬发(武王)灭商,建立周朝,史称西周。武王建镐京于沣水东。

武王封纣之子武庚于殷,派弟管叔鲜、蔡叔度加以监护。武王死后,其子成王年幼,由叔周公旦摄政。武庚联合管、蔡与东方夷族叛周,周公东征,平定叛乱,将统治范围扩大至东方。为了加强对东方的控制,周公在洛水之阳(在今河南洛阳市)营建洛邑,称为"成周",与丰镐的"宗周"成为周朝东西两个政治中心。

武王灭商后和周公东征后都曾大规模分封同姓、异姓诸侯,西周时的大国有鲁(都曲阜,今山东曲阜市)、齐(都营丘,今山东淄博市东北旧临淄北)、丰(今山东青州市西北)、薄姑(今山东博兴县东北)、邶(今河南汤阴县东南)、鄘(今河南新乡市西南）、卫（都沫，今河南淇县）、东（今河南濮阳县南）、晋（初都唐，今山西翼城县西；后迁鄂，今乡宁县；又迁曲沃，今闻喜县东北；再迁绛，又称翼，今翼城县东南）、宋（都商丘，今河南商丘市）、陈（今河南淮阳县）、蔡（今河南上蔡县）、许（今河南许昌市东）、楚（都丹阳，今湖北秭归县东南）、庸（今湖北竹山县西南）、吴（都蕃离，今江苏无锡市东南）、徐（今江苏泗洪县东南）等。除很多小国外，戎狄诸族的分布范围也很广，如齐国东有莱夷，北有长翟；晋国南有条戎，北有隗、狐氏、燕京戎、北戎、鬼方；宗周西有陆浑戎，北有严允、太原、翟；江淮间有淮夷、虎方、群舒；楚国的西南有百濮与扬越；秦国之西有羌；燕国之东北有肃慎等。

东周（春秋、战国时期）

西周末年，幽王荒淫无道，又废申后而立褒姒为后。公元前771年，申后之父申侯引犬戎攻杀幽王于骊山下，西周亡。太子继位后为平王，在晋、秦、郑、卫等诸侯护送下，于公元前770年东迁洛邑，史称此后的周朝为东周。东周又分为春秋、战国二阶段，前者因鲁国编年史《春秋》得名，后者来源于西汉刘向所编的《战国策》。目前一般以公元前770—前476年为春秋时期，以公元前475—前221年为战国时期。

东周时，周天子已只有"共主"的虚名，诸侯专政，大国先后称霸。春秋时见于记载的大小诸侯有140多个，其中主要的13个是：鲁、齐、晋、秦、楚、宋、卫、陈、蔡、曹、郑、燕、吴。经过激烈的争夺兼吞，到春秋末年仅剩下约30国。在这一过程中，大国的疆域一般都不断扩大，但由于争战不休，疆域都不稳定。

在中原各国之间还有非华夏的部族，如今太行山南段东西麓、今山西和河南的北部有赤狄、潞氏等族，今陕北有白狄，白狄的别种鲜虞、肥、鼓等分布在今河南中部，河南的伊水、洛水一带有扬拒、泉皋、伊雒之戎、陆浑之戎，今山西平陆有茅戎，今河南汝川有戎蛮。在诸侯的周边也有不少夷狄部族，如东北有山戎、东胡、肃慎，西北有羌、林胡、楼烦，南方有百越，东部沿海有莱夷、淮夷、东夷。

战国初，越国于公元前473年灭吴，势力扩展至今山东半岛，迁都琅邪（今山东胶南市西南），但以后逐渐衰落，于公元前379年迁回吴（今江苏苏州市）。公元前453年，韩、赵、魏三家瓜分了晋国，于公元前403年被周王承认为诸侯。齐国的田氏专政，至公元前386年也被周王承认为诸侯，实际取代了吕氏齐国。此后，秦、楚、韩、赵、魏、（田）齐、燕成为最强大的七个诸侯国，后世称为"战国七雄"。而周王的直属地日益缩小，至公元前367年分为东周（今河南洛阳市西一带）、西周（今河南巩义市西南一带）两个小国。

秦国开始建都于雍（今陕西凤翔县西南），以后迁至泾阳（今泾阳县西北）、栎阳（今西安市临潼区东北），公元前350年定都于咸阳（今咸阳市东北）。魏国始都于安邑（今山西夏县西北），公元前361年定都于大梁（今河南开封市）。韩国最初以平阳(今山西临汾市西南)为都城,先后迁都宜阳(今河南宜阳县西)、阳翟(今禹州市),公元前375年灭郑后迁至新郑(今新郑市)。赵国的都城从晋阳(今山西太原市西南)迁至中牟(今河南鹤壁市西),公元前386年定都于邯郸(今河北邯郸市)。楚国建都于郢(今湖北荆州市江陵区西北),公元前278年在秦国的打击下先后迁都于陈(今河南淮阳县)、巨阳(今安徽阜阳市北),公元前241年迁至寿春(今寿县)。都城的迁移大致反映了这些诸侯国疆域的发展和变化过程。齐国的都城一直在临淄(今山东淄博市东北旧临淄北),燕国的都城一直在蓟(今北京市),两国的疆域相对较稳定。

当时的戎狄等非华夏诸族、诸国一部分被诸侯国所灭,如关中的大荔、义渠、朐衍、绵诸、獂等国,秦岭南的蜀、巴、苴等国灭于秦,北方的林胡、楼烦灭于赵国,东胡被燕国逐出长城之外。另一部分仍然分布在周边地区,如月氏、乌孙、析支,巴蜀以南有笮、僰、邛、筰、夜郎、且兰、滇等西南夷,楚国的西南夷有九夷、百濮,越国以南有东越(瓯越、闽越)、扬越、骆越等,燕国的东北有秽、发、高夷、肃慎等。

战国后期,秦国日益强大,公元前330—前328年夺取了魏国在黄河以西的西河、上郡;公元前316年灭巴、蜀而占有今汉中盆地和四川盆地;公元前278年攻占包括楚都郢在内的江汉流域;公元前256年灭西周;公元前254年灭东周。公元前246年秦王嬴政即位后,更加快了灭六国的步伐:公元前230年灭韩;公元前228年攻下邯郸,俘赵王,赵公子保逃往代(今河北蔚县东北);公元前226年取燕地,燕王东迁于辽东;公元前225

年灭魏；公元前223年俘楚王，占领江南，越君降；次年进占辽东，燕王被俘；同年灭代，俘代王；公元前221年灭齐，俘齐王。至此，除了卫国作为附庸被保留外，其余诸侯国已全部被秦国消灭。

二、走向统一的漫长历程：先秦时期

三、中原王朝疆域的扩大和稳定：秦汉时期

在秦朝以前，无论是传说中的三皇五帝，还是建朝的夏、商二代，实际控制的地区都还相当有限，至多只是占有黄河中下游地区，短时期扩展到江淮之间和长江中游。而且即使在黄河中下游，也还有不少不服从它们统治的其他部族，存在一些它们管不到的地方。

由于实际存在很多个小国，或者实行分封制，即使在西周最强盛时，也没有设置过行政区域。大大小小的诸侯统治着自己的封邑或领地，对天子只负有进贡的义务，有些更只承担象征性的义务。因此，在诸侯国之间并没有形成连成一片的疆域。

而且，由于绝大部分地区的人口还非常稀少，诸侯国之间大多没有明确的界线。分封或争夺时，一般只注重城、邑，而不是一个具体的范围，未像以后所说的一个政区的"四至八到"。因此，衡量一个国的标准往往是"三里之城，十里之郭"（《孟

子·公孙丑下》），或者是多少户人口，或者是拥有若干座城。

到了战国时代，随着地方行政制度和行政区划的产生，随着人口的增加和开发的扩大，国与国之间的"隙地"（无人区）越来越少，界线也越来越明确。吴国与楚国的边民争夺桑地，秦王许诺给赵国土地时可以出示地图，都是疆域的概念日渐明确的证明。但在群雄并存的情况下，不仅各国疆域变化无常，而且大多数国的范围都还不大，各国开始实行的地方行政制度也不统一。

第一个统一的中原王朝

公元前221年，秦始皇（即秦王嬴政改称）建立起一个统一的国家。在灭六国的过程中，他并不满足于获得这些国家的土地，而是进一步向周围地区扩张。

大约在公元前222年至前221年之间，也就是在秦国的大将王翦等平定楚国的江南地区和越国旧地后，秦军就越过崎岖的山岭和茂密的森林，进入今浙江南部和福建，征服了那里的越人政权。秦朝在这一地区设置了闽中郡，以冶县（今福建福州市）为郡治。

秦始皇三十二年（前215年），派蒙恬率30万大军驱逐了河套一带的匈奴人，收复了战国时赵国的旧地。第二年，在阴山以南、黄河以东设置了九原郡（治所在今内蒙古包头市西北），管辖新设立的44个县（一说33县）。为了巩固北边的防线，又将原来秦国和赵国、燕国的长城连接起来,加以修缮和补建,筑成一条西起临洮(今甘肃岷县),沿黄河,傍阴山,东至辽东(今朝鲜平壤西北海滨)的万里长城。

大约在秦始皇二十九年(前218年),秦朝的尉屠睢率50万大军分五路越过南岭。但用兵五年尚未获得征服越人的胜利,尉屠睢却遭夜袭被杀。三十三年(前214年),秦始皇派史禄开凿了连接湘江和漓江的运河——灵渠,开辟了通向岭南的水路。秦军再次南下,夺取了今广东、广西和越南东北一带,设置了南海、桂林、象郡三郡。接着又将一批戍卒和罪犯安置到岭南,并让他们与当地的越人杂居,以加速民族同化,扩大统治基础。

在西南,秦朝以成都平原为基地,向西、北两方面扩张到了今大渡河以北和岷江上游,占据了邛(今四川荥经县东一带)、筰(今峨边县东一带)、冉(今松潘县一带)、駹(今茂县北一带)等部族地区,向南又开通了一条"五尺道"(一说宽五尺,一说"五尺"系当地地名),从今四川宜宾延伸到云南曲靖,并在沿线控制了一些据点,设置若干行政机构。

到公元前210年秦始皇去世时,秦朝已经拥有北起河套、阴山山脉和辽河下游流域,南至今越南东北部和广东大陆,西起陇山、川西高原和云贵高原,东至朝鲜半岛北部的辽阔疆域。而且秦朝在全国普遍实行郡县制,中央政府通过郡的行政长官郡守管辖所属各县的县令(或县长)。公元前221年在全国设立了36个郡,以后随着疆域的扩大和局部的调整,到秦朝末年全国约有50个郡,下辖近千个县。能在这样大的范围里建立起一个统一国家,在中国历史上还是首次。秦朝开拓的疆域构成

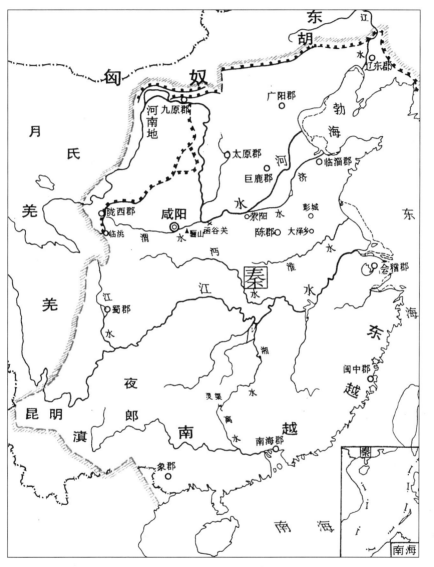

秦疆域图（本书所据地图均根据谭其骧主编《中国历史地图集》改绘，下同）

了此后历代中原王朝疆域的主体,成为中国统一的地理基础。

在秦朝疆域之外,匈奴已在阴山以北的蒙古高原崛起,开始向东、西扩展,并随时准备南下。河西走廊聚居着乌孙(后迁至今新疆伊犁河流域)和月氏(原在今甘肃敦煌一带,汉文帝时遭匈奴攻击,又西迁至大夏,即今中亚阿姆河上游)两个民族。今天新疆及其以西地区(西汉以后称为西域,狭义的西域仅指帕米尔高原以东,广义则包括高原以西各地)已经存在着以绿洲城郭为中心建立起来的数十个小国。青藏高原和云贵高原的西部,分布着一些羌人部族。

西汉初的困境

秦朝的天下并没有像秦始皇所期望的那样维持"二世三世至于万世,传之无穷",就在他去世的第二年(秦二世元年,前209年),陈胜、吴广在大泽乡(今安徽宿州市东南)揭竿而起,势如燎原的大起义敲响了秦朝的丧钟。公元前206年,刘邦、项羽的军队先后进入咸阳,秦朝灭亡。项羽成为天下霸主,将秦朝国土分封给各路诸侯,刘邦被封为汉王,封地在今汉中盆地和四川盆地。不久刘邦就起兵攻下关中,与项羽争夺天下。经过三年多的苦战,刘邦在公元前202年(汉五年)初发动垓下(今安徽灵璧县东南)之战。西楚霸王项羽面临四面楚歌的绝境,突围至乌江(今安徽和县东北)自杀。刘邦在汜水北岸(今山东定陶县南)即皇帝位,国号汉(后世称为西汉),定

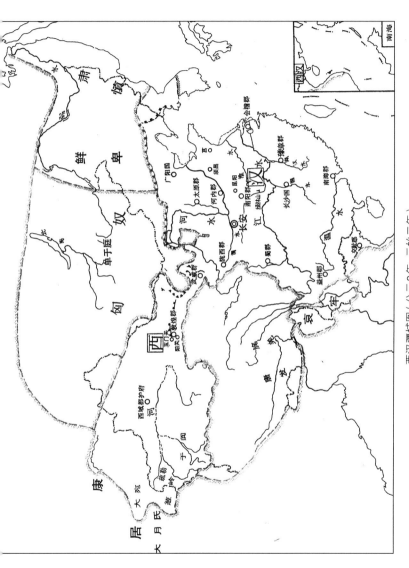

西汉疆域图(公元2年,元始二年)

都洛阳，但不久即迁都关中。由于咸阳已成废墟，只能在今西安市西北一个名长安的聚落一带另建新都。朝廷暂驻秦国故都栎阳（今陕西西安市临潼区东北），长安建成后迁入。

西汉初的疆域与秦朝相比缩小了很多。北方的匈奴在冒顿单于的统率下，往东并吞了东胡，向西占据了黄河以西地区，进而赶走月氏和乌孙，使西域大部分国家不得不服从它的统治；向南不仅夺回"河南地"（河套及其以南地区），而且一度推进到今陕西、山西的北部。公元前200年，汉高祖刘邦亲率大军出击，结果在平城（今山西大同市东北）以东的白登山被冒顿围困了七天，派人向冒顿的妻子送了厚礼才趁机突围。汉朝缺乏对付匈奴的军事实力，只得采取"和亲"政策，将皇族女子或选来的民女冒充公主嫁给单于。但匈奴的侵扰并没有停止，它的一些部族驻地离汉朝首都长安只有700里，轻骑兵一昼夜即可到达。

东南原闽中郡境内的越人君长在秦末恢复自立，并起兵助汉。汉高祖五年（前202年），闽越首领无诸被立为闽越王，在今福建以闽江下游为中心建立了闽越国，都东冶（今福州市）。汉惠帝三年（前192年）封勾践后人摇为东海王，以东瓯（今浙江温州市）为国都，所以又被称为东瓯王。这两个政权表面上服从汉朝，实际上并不受约束。朝廷面临内外敌对势力，无暇旁顾，只能容忍。

岭南原来担任秦朝龙川县（治所在今广东龙川县东）令的中原人赵佗，在秦末代理南海郡的尉（军事长官）。秦亡后，赵佗起兵并吞了南海、桂林、象郡，在公元前206年自立为南越王。大约在公元前181年前后,南越灭安阳王,将辖境扩展到今越南北部和中部,直到北纬13°的今巴江一带。汉高祖十一年(前196年),派陆贾出使南越,封赵佗为南越王。赵佗虽然接受了汉朝的封号,不再自称皇帝,但依然保持着独立地位。在西南,随着秦朝的解体,已经在云贵高原设置的行政机构也撤到四川盆地,西汉初期一直未能恢复。

汉武帝的开疆拓土

到汉武帝在位(前140—前87年)时,经过近70年的恢复和发展,汉朝的经济实力已有很大增强,粮食和物资的储备相当充足。特别是在景帝前元三年(前154年)平息以刘濞为首的吴楚七国之乱后,中央集权大大加强,基本消除了内部分裂的威胁。恢复秦朝疆域,进一步对外开拓的条件已经成熟了。

汉武帝建元三年(前138年),闽越围攻东瓯,东瓯向朝廷求救。武帝立即派严助率会稽(今长江三角洲和浙江北部)的军队渡海前往救援,迫使闽越解围撤回。据说东瓯怕汉军撤退后闽越卷土重来,要求内迁,于是大部分东瓯的越人被安置在长江和淮河之间地区。

三年后,闽越王郢进攻南越,武帝在接到南越报告后,命王恢和韩安国出兵。闽越王的弟弟馀善杀了郢,向汉军投降。由于汉军无法久驻,武帝还是保留了闽越国,立馀善为王。但馀善依然反复无常,因此到元鼎六年(前111年)汉朝灭南越后,武帝即派杨仆等乘胜进军。次年汉军攻占闽越,馀善被部下所杀,闽越人大部分被迁往江淮之间,当地几乎成了无人区,直到西汉后期,遗留下来的越人逐渐增加,才重新在今天的福州恢复了冶县,以今天浙江台州市椒江区一带设立回浦县,隶属于会稽郡(治所在吴县,今江苏苏州市)。

武帝初年,匈奴仍然常常侵扰汉朝北部边疆。元光二年(前133年),30万汉军埋伏在马邑(今山西朔州市)一带,企图引诱单于入侵,一举歼灭。但计谋被单于识破,未等汉军合围就撤走了。从此匈奴更加剧了侵扰,汉朝北部从今陕西北部至辽宁西部一线无不受到骚扰掳掠。元光六年(前129年)起,汉军连续发动进攻,在元朔二年(前127年)驱逐了匈奴的白羊、楼烦王,收复了"河南地"。汉朝在这里设置了朔方郡(治所在今内蒙古杭锦旗北)和五原郡(治所在今包头市西北),并修缮了蒙恬所筑的城塞,使边界又恢复到了阴山山脉一线。第二年,又暂时停止在西南的经营,集中力量筑朔方城,进一步巩固边防。

元狩二年(前121年),汉军主力从西路出击,俘获了匈奴浑邪王的儿子。不久浑邪王杀了不愿投降的休屠王,率众降汉,使汉朝的疆域扩大到整个河西走廊和湟水流域,即今青海湖以东、祁连山东北地区,先后设置了酒泉(治所在今甘肃酒泉市)、武威(治所在今武威市)、张掖(治所在今张掖市西北)、敦煌(治所在今敦煌市西)和金城(治所在今永靖县西北)五个郡。原来聚居在湟水流域的羌人被驱赶到更西的地区,他们与匈奴的联系被隔断了。由于汉朝控制了河西走廊,通向西域的大门已经打开。

早在建元三年(前138年),武帝为了招引大月氏回敦煌、祁连山旧地,以便共同打击匈奴,曾经派张骞出使西域。由于往返时都被匈奴扣留,13年后张骞才回国复命。尽管没有达到联络大月氏的目的,但张骞亲历了大宛(今中亚费尔干纳盆地)、康居(今哈萨克斯坦巴尔喀什湖和咸海之间)、大月氏和大夏(今阿富汗北部)等国,使汉朝了解了这一地区的具体情况。在元狩四年(前119年)汉军又一次大败匈奴后,武帝派张骞再次出使乌孙。到乌孙后,张骞派副使出使大宛、康居、大夏、安息(今伊朗一带)、身毒(今印度)等国。到元鼎二年(前115年)张骞回国,汉朝与西域和中亚、西亚的交通从此开通。

但汉朝与匈奴在西域的争夺并没有结束,汉武帝对西域发动了几次军事行动,最大一次出动了十几万兵力、十几万头牲口和大批民工,征服了大宛。由于交通线太长,补给困难,汉朝虽然控制了天山南路,但对天山以北还不能经常控制,那里的小国还受到匈奴的威胁,不敢完全服从汉朝。又经过多次战争,到宣帝神爵二年(前60年),汉朝终于取得决定性的胜利,完全控制天山北路,设置了西域都护府。

西域都护府的辖境包括自玉门关、阳关以西的天山南北,直到今巴尔喀什湖、费尔干纳盆地和帕米尔高原以内的范围,初期有36国,以后增加到50余国,治所设在乌垒城(今新疆轮台县野云沟附近)。西域都护府既是汉朝的军事驻防区,也是一个特殊的行政区。一方面它与内地的正式行政区不同,不设置郡、县,依然保留原来的国,汉朝一般不干预它们的内部事务,但掌握它们的兵力和人口等基本状况;另一方面,都护代表朝廷掌管这些国家的外交和军事权,可以调动它们的军队,决定它们的对外态度,必要时还可直接废立它们的君主,甚至取消某一个国。西域都护府也是汉朝疆域的一部分。

为了向西南开拓,大约在元光五年(前130年),武帝就征发巴、蜀二郡(约相当于今重庆市和四川省大部)的士兵从僰道(今四川宜宾市西南安边场)向牂柯江(今北盘江和红水河)筑路,并新设了一个犍为郡,治所就设在僰道。在此形势下,"西夷"的邛(今四川西昌市一带)、笮(今四川盐源县一带)的君长请求归属,汉朝在那一带新设了十几个县。但由于筑路工程非常艰巨,加上汉朝正忙于对付匈奴,一度取消了部分新设的县。到元狩元年(前122年),才恢复了对"西南夷"的开拓。经过几年的经营,川西高原和云贵高原上的部族如邛都、笮都、冉駹、白马、且兰、夜郎等都已纳入汉朝的统治,在这些部族地区新置了越嶲(治所在今四川西昌市东)、沈黎(治所在今汉源县东北)、汶山(治所在今茂县北)、武都(治所在今甘肃武都县东北)和牂柯(治所在今贵州黄平县西南)五郡。两年后的元封二年(前109年),又在滇和昆明这两个部族地区建立了益州郡(治所在今云南晋宁县东),汉朝的西南边界扩展到今高黎贡山和哀牢山一线。

对岭南的统一已是大势所趋。元鼎四年(前113年),武帝召南越王来长安朝见。第二年,反对并入汉朝的南越丞相吕嘉杀了国王和汉使,发动叛乱。汉军分五路进攻,未等其他三路会师,主攻的两路已于元鼎六年(前111年)进占南越都城番禺

(今广州市),俘获吕嘉。汉朝在南越属地设置了九个郡,其中的交趾、九真和日南三郡都在今越南的中北部,珠崖和儋耳二郡在今海南岛上。

西汉初,中原人卫满率数千人迁入朝鲜半岛,建立了自己的政权。此时朝鲜的疆域大致包括今辽宁东部、吉林西南和朝鲜半岛的西北部。元封二年(前109年),武帝用兵朝鲜,次年朝鲜投降,汉朝设置了玄菟、乐浪、临屯、真番四郡,辖境南至今汉江流域。

西汉的疆域(除西域部分)在武帝后期达到极盛,但因扩展太快,建置过多,兵力和财力都无法适应,加上有些地方官的苛政引起当地民族的反抗,局部地区不得不有所收缩。武帝末年撤销了沈黎郡,宣帝地节三年(前67年)又撤销了汶山郡,两郡的辖境大多并入相邻的蜀郡,疆域虽未缩小,但对当地部族的统治相对放松。昭帝始元五年(前82年)撤销在朝鲜半岛的临屯和真番二郡,它们的辖境部分放弃,部分并入乐浪郡。元凤五年(前76年)又将玄菟郡东部放弃,治所也从朝鲜半岛迁至今辽宁新宾县西。同年还将在海南岛上的儋耳郡并入珠崖郡,但当地民族的反抗依然相当激烈,汉朝屡次镇压都不能奏效,不得不在元帝初元三年(前46年)撤销珠崖郡,将行政机构和人员内迁。虽然大陆政权在海南岛的行政机构要到隋朝才恢复,但岛上与大陆民间的来往并未停止,大陆人还是不断迁往岛上,使人口逐渐增加,耕地不断扩大,各族民众间关系日益加深。

除了这些局部的收缩外,西汉的疆域基本稳定,一直保持到西汉末年。平帝元始四年（公元4年）曾将青海湖东岸羌人聚居区置为西海郡，但存在时间很短。

匈奴和其他边疆政权

从公元前209年（秦二世元年）冒顿单于即位，匈奴就不断扩张，向北控制了丁零，向南夺取了河套，并驱逐月氏，占了河西走廊；向西控制西域，成为一个以蒙古高原为中心的强大游牧国家。但经过与西汉的连年战争，匈奴的实力已遭受很大损失。公元前60年（汉宣帝神爵二年），匈奴内部发生分裂，后演变为五位单于并存，相互争夺，形成南单于呼韩邪和北单于郅支对峙的局面。严重的自然灾害更加速了匈奴的衰落。公元前51年（汉宣帝甘露三年），南单于降汉。公元前49年（汉宣帝黄龙元年），北单于率部西迁，以后在中亚的康居国东部（今哈萨克斯坦塔拉斯河一带）被杀。南单于降汉后，汉朝仍维持了匈奴的国家地位。汉匈间基本以长城为界，在人烟稀少的地段则没有严格的界线，边境的和平维持了60年。在匈奴地区，还有呼揭、坚昆、丁零等族，处于被匈奴统治的地位。

在匈奴以东，今大兴安岭两侧是鲜卑人的聚居区，西辽河沙拉木伦河流域分布着乌桓人，他们都是东胡的一支，在匈奴打击下由西部迁来，西汉时还基本服从匈奴。黑龙江流域和松花江流域直到日本海沿岸居住着夫余、肃慎和沃沮等部族，都有了初期的政治实体。今青海湖沿岸分布着先零羌，因汉朝西海郡存在时间很短,对他们的聚居区影响不大。西南今澜沧江流域和缅甸东北部是哀牢人的部族政权,随着汉朝在云贵高原的开拓,哀牢与汉朝的交往也日益密切。

不完全的中兴:东汉的疆域

西汉末年,外戚王莽执政,至公元8年王莽废除傀儡皇帝称帝,国号新。新朝建立不久就爆发了农民起义、汉朝宗室和旧臣的反抗。公元23年,绿林军诸将拥立刘玄为帝,恢复汉朝,同年攻入长安,王莽被杀,新朝灭亡。但各地割据势力纷纷自立,相互争夺。公元25年,刘秀(光武帝)即帝位,同年定都洛阳,史称东汉。刘秀陆续击败各地割据政权和敌对势力,至建武十三年(公元37年)恢复了内地的统一。

由于王莽对匈奴等少数民族实行歧视侮辱的政策,不断挑起边疆地区的冲突,引起匈奴的反抗和入侵、东北高句丽人的逃亡。至天凤三年(公元16年)后,连与西域的交通也已断绝,西域都护府废弃,中原对西域的统治中断。东汉初,光武帝不得不放弃了河套至今山西、河北北部的疆域。建武二十五年(公元49年),匈奴又分为南北二部,南匈奴降汉。次年,汉朝将内迁的八个郡迁回旧地,汉匈边界恢复到西汉后期的态势,但此后从幽州的辽西至并州的雁门郡(约相当于今辽宁西部至山西北部和相邻的内蒙古南部)的北界部分向南收缩。而南单于也因受到北匈奴的打击,无法再在蒙古高原立足,南迁至西河郡的美稷县（今内蒙古准格尔旗西北）一带，接受汉朝的保护。

东北方面，由于受到当地秽貊人和马韩人的压力，光武帝时放弃了乐浪郡在单单大岭（今朝鲜北大峰山脉）以东的七个县。随着高句丽的兴起和扩张，玄菟郡的辖境也完全放弃，郡治迁至今辽宁沈阳市西，辖有原辽东郡辖境中划出的数县之地。

但在西南，汉朝的疆域却有所扩大，明帝永平十二年（公元69年），西南境外的哀牢王接受内属，汉朝设置两个新县，又从益州郡划出六个县，合并设置永昌郡。汉朝的疆域不仅已包括今云贵高原全部，而且拥有今缅甸东部。

永平十六年，汉军进攻北匈奴，打通了与西域的交通线，又派班超控制鄯善（今新疆若羌县一带）、于阗（今和田市、和田县一带）等国，于次年重建西域都护府，恢复西汉疆域。由于北匈奴势力仍很强大，汉军并无稳定的优势，章帝建初元年（公元76年）将汉军从西域撤回，撤销西域都护府。但当地疏勒（今喀什市一带）、于阗等国国君坚决挽留，班超也不愿无功而返，就返回疏勒，凭借汉朝的余威和自己的胆略孤军奋战，使西域的大部分仍在汉朝控制之下，依附匈奴的国家越来越少。和帝永元三年（公元91年），汉军大败北匈奴，北匈奴从此西迁，西域都护府再次恢复，班超出任都护。但由于后继者措置失当，至安帝永初元年（107年），西域都护府又不得不撤销。汉朝的撤退使西域各国再次受到匈奴威胁，一些国家重新寻求汉朝的庇护，促使汉朝于延光二年（123年）置西域长史府，继续行使对西域的管辖。但乌孙已成独立政权,葱岭(帕米尔高原)以西地区已脱离汉朝统治,汉朝的西北界退至今天山山脉西段以南。

随着境外林邑国的扩张,东汉疆域的南界也从今越南富安省南界退至承天省南界。

边疆诸族的内迁和扩张

在东汉疆域之外,东北有高句丽、夫余、挹娄、沃沮等国家或部族政权。高句丽大约于公元前1世纪后期建国,开始在鸭绿江流域,后逐渐扩张到浑河上游,占了西汉玄菟郡旧地。约公元3年,高句丽建都于国内城(今吉林集安市东),此后不断向朝鲜半岛北部扩展。

东汉初,南匈奴降汉,原来依附于南匈奴的乌桓和鲜卑也投降汉朝。乌桓迁至汉朝境内北部边区,离开蒙古高原。鲜卑则未内迁,占据了乌桓旧地。公元91年,北匈奴战败后西迁,鲜卑占据蒙古高原。2世纪中叶,鲜卑结成部落联盟,控制自今阿尔泰山、阴山以北、大兴安岭以西,北至贝加尔湖的辽阔地域,并由西向东从阴山至辽东逐渐蚕食汉朝边境。匈奴残余留在阿尔泰山西南的额尔齐斯河流域。

西北的乌孙脱离了西域长史府控制,成为一个独立政权,据有今天山山脉与巴尔喀什湖之间地区。

青藏高原上有唐旄、发羌等部族,当时与中原的交往不多,因而未留下文字记载。但在高原东部靠近湟水流域、四川盆地和云贵高原的羌人与汉人接触较多,并用各种方式进入汉地。

台湾岛被称为夷洲,岛上人口与大陆已有来往。海南岛被称为朱崖洲,与大陆的来往依然相当频繁。

四、短暂的统一和长期的分裂：从三国至晋、南北朝

东汉灵帝光和七年（184年）爆发黄巾起义，直到隋开皇九年（589年）灭陈结束分裂局面，其间405年虽然也有东汉、西晋短暂的、名义上的统一，但绝大多数年代是处于分裂状态。

三国鼎立的形成

黄巾起义刚被镇压下去，东汉统治集团内部的争夺就达到了白热化的程度。中平六年（189年）灵帝死后，董卓率部进入洛阳，立刘协（汉献帝）为帝，自任相国，掌握了朝廷大权。关东州郡起兵讨伐，董卓逼献帝迁都长安，洛阳及周围200里内被彻底破坏。初平三年（192年），王允杀董卓，但不久董卓部

将攻入长安杀王允。至兴平二年（195年），董卓部将自相冲突，长安城成为战场，加上饥荒，关中百姓或死或逃，二三年内不见人迹。献帝好不容易逃出长安，但洛阳已成废墟，无法安身。建安元年（196年），曹操出兵将献帝迎至许县（今河南许昌市东），许县（221年魏改名许昌）成为东汉最后25年的首都。但朝廷大权已在曹操掌握之中，而从建安十年起曹操以邺（今河北临漳县西南）为据点，被封为魏王后又以邺为王都，邺实际成为政治中心。经过多年激烈争战，曹操、刘备和孙权为首的三个政权鼎立的形势逐渐明朗。

汉献帝延康元年（220年），曹操病亡，其子曹丕废汉献帝，建国号魏，定都洛阳。第二年，刘备在成都即帝位，继续称汉朝，后世称为蜀汉或蜀。孙权接受魏的封号称吴王，以武昌（今湖北鄂州市）为都，实际并不受魏的控制，至229年也即皇帝位，迁都建业（今江苏南京市）。三国之间虽不时发生战争，但疆域大致稳定：魏与吴、蜀间界线是长江与淮河之间、今大别山、湖北汉川至兴山一线、大巴山、秦岭，而吴、蜀之间以今湖北西界、贵州务川至台江一线、广西西界和中越边界为界。在曹操平定乌桓以后，东北的疆域基本已恢复到东汉中期的范围。

但鲜卑已大量进入缘边地区，魏国的实际控制范围缩小了。

263年（魏景元四年，蜀炎兴元年）魏灭蜀，两年后司马炎代魏，建晋朝，史称西晋。太康元年（280年）晋灭吴，暂时结束了分裂局面。

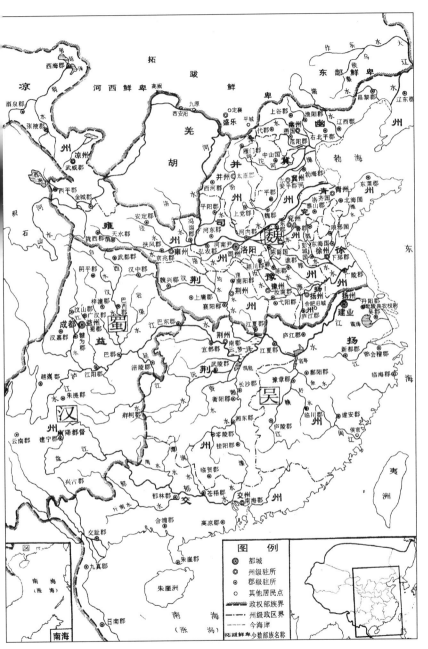

三国时期中心区域图（262年，魏景元三年，蜀汉景耀五年，吴永安五年）

乱世群雄的角逐:从"八王之乱"到十六国的兴衰

从东汉开始陆续迁入黄河流域的匈奴、鲜卑、羌、氐、羯、卢水胡、丁零等族,到西晋时已有不小的数量。在长期与汉族和各族杂居后,经济文化水平都有了一定的提高,尤其是各族的统治者和上层人士,大多已具有相当强的政治、军事才干,适应了中原的生产和生活方式。这些民族的首领既要摆脱汉族统治者对他们的歧视和压迫,也要乘机夺取权力和财富,成为地区以至全国的主宰。

西晋统一的时间不仅短暂,而且很不完全,从来没有恢复到东汉末年的疆域。仅11年后,在晋惠帝继位的次年(永平元年,291年)就爆发了皇族间血腥的争斗和自相残杀,待历时16年的"八王之乱"结束,西晋政权已接近解体。统治集团内部的火并为各族首领和地方实力提供了最好的机会,于是十几个政权先后在黄河流域、辽河流域、河西走廊和四川盆地建立起来,又匆匆地在其他政权的吞并中消失。

成汉

298年(晋惠帝元康八年),关中连年饥荒,巴氐(原在巴地的一支氐人,东汉末迁至陇东和关中)首领李特率流民入蜀。301年(晋永宁元年),益州刺史罗尚限流民在七月返乡,流民要求等秋收后出发也未获准许。十月,流民推李特为首,起兵于绵竹(今四川德阳市北),进攻成都。304年(西晋永安元年),李雄称成都王。306年(西晋光熙元年)称帝,国号大成。因以后李寿于338年改国号为汉,史称成汉。成汉疆域大致是今四川省除川西高原部分、重庆市和汉中盆地西部。东晋永和二年(346年),桓温伐成汉,李势降,成汉亡。

汉、前赵

304年(西晋永安元年),匈奴左贤王刘渊以助成都王司马颖为名,在离石(今山西离石县)起兵,不久迁至左国城(今离石县北),称汉王。308年(西晋永嘉二年)攻占平阳(今临汾市西南),迁都蒲子(今隰县)。同年十月刘渊称帝,国号汉,次年迁都平阳。311年,汉军攻入洛阳,晋怀帝被俘。316年(西晋建兴四年)兵临长安,晋愍帝出降,西晋亡。汉将刘曜入据关中,石勒攻占关东。317年前后,汉的疆域北至阴山、今桑干河、燕山,南至淮河、秦岭,西至黄河、陇东。318年(东晋大兴元年)汉主刘粲被权臣靳准所杀,刘曜在长安称帝,与石勒起兵讨伐。次年刘曜改国号为赵,建都长安,史称前赵。石勒也自称赵王,与前赵分裂,史称后赵。前赵初建时的疆域东起洛阳,西至陇西黄河,北至渭北高原和今山西西南。以后受石勒打击,退至关中。328年(东晋咸和三年),石勒破前赵军,刘曜被俘。329年,后赵将石生攻下关中,前赵亡。

后赵、冉魏

319年石勒(羯人)称赵王后,建都襄国(今河北邢台市);

330年（东晋咸和五年）即帝位。在灭前赵后，后赵已拥有汉、前赵的最大疆域，并一度越过淮河和南阳盆地，威胁东晋的北部。石虎即位后迁都于邺。后赵末年发生内乱。349年（东晋永和五年）石虎死后，他的养子石闵（汉人）杀赵主，并在邺和境内屠杀羯人和胡人。350年，石闵恢复本姓冉，自立为帝，改国号为魏。后赵石祗也在襄国称帝，次年被杀，后赵亡。当时后赵境内大乱，各地纷纷自立，冉魏实际控制的区域有限。352年，冉闵在廉台（今河北无极县境）被前燕击败被俘，不久被杀，冉魏亡。

前凉

早在西晋永康二年（301年），张轨（汉人）眼看天下将乱，求得凉州刺史一职，据有河西。西晋亡后，张氏仍世代据有凉州，317年起史称前凉。前凉都姑臧（今甘肃武威市），其疆域以河西走廊为主，东起黄河，西至玉门关（今甘肃西界），南起祁连山，北至居延泽（在今内蒙古额济纳旗）。前凉后期还控制西域，设置了西域长史。376年（东晋太元元年）灭于前秦。

前燕

西晋末年，鲜卑慕容部首领慕容廆据有今大凌河流域。其子慕容皝继续扩张，占有辽东半岛，向西推进到滦河流域。337年（东晋咸康三年），慕容皝称燕王，都于昌黎郡（今辽宁义县），后迁都龙城（今辽宁朝阳市），史称前燕。石虎死后，前燕进军黄河流域，灭冉魏，迁都蓟城（今北京市），不久又迁至邺。

前燕的最大疆域东至辽东半岛,北至今桑干河、燕山、内蒙古赤峰市一带,南至淮河,西至今山西北部和沁水流域以东。370年(东晋太和五年)灭于前秦。

前秦

石虎死后,原被强制迁至关东的氐人在苻洪率领下起兵攻回关中。350年(东晋永和六年),其子苻健进入关中,占据长安。次年自称天王,国号大秦,史称前秦。前秦初期范围很小,东晋桓温北伐,一度逼近长安。357年(东晋升平元年),苻健之侄苻坚即位后平定关中,又先后灭前凉、前燕和代,并在373年(东晋宁康元年)夺取晋梁、益二州,占领四川盆地。382年(东晋太元七年),苻坚遣吕光进军西域,两年后控制了东汉西域都护府的全部辖境,在龟兹(今新疆库车)设置西域校尉。到383年淝水之战前,前秦完全统一了北方,南至淮河、今重庆万州以西长江一线,北至蒙古高原,西至今新疆吐鲁番盆地东部、祁连山、湟水流域、岷山、川西高原东部,东至辽东半岛,是十六国中疆域最广的一个。淝水之战败后前秦瓦解,后燕、后秦、西燕、西秦、后凉等政权纷纷自立。385年,苻坚撤离长安后被后秦俘杀。前秦残余势力在关中西部和陇东一带维持到394年,灭于后秦。

后秦

384年(东晋太元九年),羌人首领姚苌在渭北牧地起兵,自称万年秦王,史称后秦。386年姚苌进入长安后称帝,国号大秦。在灭前秦后,后秦的疆域大致有河套以南、今陕西秦岭以北、山西西南部、宁夏大部和甘肃天水以东部分。403年,南凉和北凉进攻后凉,后凉主投降后秦,但后凉的疆域不久即被诸凉瓜分,后秦仅夺取西秦部分领土。407年后,渭北高原以北被赫连勃勃所占,但后秦从后燕和东晋夺取了黄河以南今河南的大部。417年(东晋义熙十三年),东晋兵临长安,后秦主姚泓出降,后秦亡。

后燕

慕容垂是前燕宗室,前燕末因受猜疑降于前秦,为苻坚所重用。苻坚败后,慕容垂于384年(东晋太元九年)自立为燕王,史称后燕。两年后称帝,定都中山(今河北定州市)。后燕收复辽东旧地,又在394年(东晋太元十九年)灭西燕,同年占有今山东。次年,后燕疆域的东、西、北三方面大致恢复了前燕旧界,南面则只到达今山东南界、河南洛阳至商丘一带。397年(东晋隆安元年),魏军攻克中山,后燕主迁于邺。次年,慕容德建南燕,今山东境内已非后燕所有。后燕都城迁回龙城,疆域缩小到前燕初期的范围,但东部已被高句丽夺取,只有辽河以西至滦河下游地区。407年(东晋义熙三年)为北燕所取代。

西燕

384年(东晋太元九年),前燕宗室慕容泓据有华阴,称济北王,不久被杀。其弟慕容冲称皇太弟,率其部众进攻长安,史称西燕。次年攻入长安，据有关中一部分。但一年后即发生内乱，慕容永最终获胜，迁至闻喜（今山西闻喜县），长安和关中为后秦所占。慕容永又攻占长子（今长子县西南），即以长子为都，称帝。西燕的疆域仅今山西南部，且很不稳定，其西部不久就被后秦占有。394年（东晋太元十九年）灭于后燕。

南燕

398年（东晋隆安二年），后燕大部分疆域被北魏所占，宗室慕容德从邺迁至滑台（今河南滑县东旧县），称燕王，史称南燕。不久向东南发展，占有今山东大部，次年以广固（今山东青州市西北）为都。409年（东晋义熙五年）晋刘裕北伐，次年初攻占广固，南燕亡。

北燕

407年（东晋义熙三年），后燕将军冯跋（汉人）等拥慕容云为主，杀后燕主慕容熙。慕容云复本姓高（高句丽人），称天王，史称北燕。409年高云被杀，冯跋继位。北燕只拥有后燕后期的疆域。436年（北魏太延二年，宋元嘉十三年）灭于北魏。

西秦

385年（东晋太元十年），陇西鲜卑首领乞伏国仁自称大单于，筑勇士城（今甘肃榆中县东北）为都，史称西秦。388年国仁死，弟乾归立，迁都金城（今兰州市西北）。西秦疆域狭小，虽置有十二郡，实际仅今甘肃兰州至陇西间地。以后曾击败氐族首领杨定,据有今甘南武都、成县一带。后又迁都苑川(今榆中县东北)。400年(东晋隆安四年)被后秦所破,成为附庸。409年(东晋义熙五年)乘后秦势衰,乾归在枹罕(今临夏县西南)复称秦王,后又迁回苑川。414年(东晋义熙十年),西秦灭南凉,占有今青海湖以东一带。430年(宋元嘉七年)西秦主乞伏暮末被北凉所逼,东迁投北魏,被夏兵阻于南安(今陇西县东南),故地全被吐谷浑占据。次年正月降于夏,西秦亡。

后凉

384年(东晋太元九年)前秦将吕光(氐人)征服西域后回师凉州,386年在姑臧称凉州牧、酒泉公,史称后凉。后凉的疆域包括前秦自河西走廊以西至整个西域地区。自397年(东晋隆安元年)开始,南凉、北凉和西凉先后在境内建立,后凉的控制区越来越小。403年(东晋元兴二年),受南凉攻击,后凉主无法自存,降于后秦,后凉亡。

南凉

秃发乌孤是河西鲜卑一支的首领,一度归附后凉。397年(东晋隆安元年),乌孤自称大单于、西平王,攻占金城等地,史称南凉。399年迁都乐都(今青海乐都县),据有今青海东部。同年又迁至西平(今西宁市),402年(东晋元兴元年)迁回乐都。406年(东晋义熙二年)从北凉夺得姑臧,疆域扩大至河西走廊东段。410年败于北凉,退出河西走廊。414年灭于西秦。

北凉

397年（东晋隆安元年），河西卢水胡首领沮渠蒙逊起兵，拥后凉建康（治今甘肃高台县）太守段业为建康公，史称北凉。401年，蒙逊杀段业，自称张掖公，建都张掖，据有河西走廊中部张掖一带。410年（东晋义熙六年）占有河西走廊东段，412年迁都姑臧。420年（宋永初元年）击败西凉，进占酒泉；次年攻占敦煌，灭西凉。至此疆域达到极盛，与后凉盛时相当。439年（宋元嘉十六年，北魏太延元年）灭于北魏，但北凉残余势力继续在酒泉抵抗，战败后又占有鄯善、高昌（今新疆吐鲁番市东部一带），直到460年（北魏和平元年）才被柔然吞并。

西凉

400年（晋隆安四年），段业以李暠（汉人）为敦煌太守，不久李暠称凉公，建都敦煌（今甘肃敦煌市西），史称西凉。西凉据有河西走廊酒泉以西及西域，405年（东晋义熙元年）迁都酒泉。420年（东晋义熙二年）西凉主李歆东伐北凉，兵败后死，酒泉失守。421年（宋永初二年），北凉破敦煌，西凉亡。

夏

匈奴铁弗部首领刘勃勃曾为后秦姚兴部将，驻守河套。407年（东晋义熙三年）据有大城（今内蒙古杭锦旗东南），自称大夏天王，史称夏。勃勃后改姓赫连。夏占有河套至陇东和陕北，并不断进攻渭北，威胁后秦。413年建统万城（今陕西靖边县北白城子）为都。418年，赫连勃勃进攻关中，晋军败退，夏以长安为南台（陪都）。至此，夏的疆域扩大到关中。426年（宋元嘉三年，北魏始光三年），北魏围统万，夺取长安；次年攻下统万。夏的残余势力在关中和陇东与北魏争夺，431年还乘机灭西秦，但终于无力对抗，夏主赫连定西迁河西，途中被吐谷浑袭俘，夏亡。

在此期间的割据政权并不止这16个，例如氐族首领杨氏曾占据仇池一带（今甘肃西和、徽县、文县间地），丁零首领翟氏曾以滑台、黎阳（今河南浚县东北）为据点称魏王，北魏的前身代政权也早在西晋末就已存在，但这些政权在历史上均未列入十六国。

对峙中的稳定：北方的统一和再分裂

拓跋鲜卑于258年（魏甘露三年）从五原迁至盛乐（今内蒙古和林格尔县北），形成部落联盟。传至禄官（295—308年在位）时，分部众为三部：一部在上谷以北、濡源西（今河北丰宁县西），一部在代郡参合陂（今山西大同市西）之北，一部居盛乐，控制的范围向南扩大到今山西境内桑干河一线。当时另有白部鲜卑居于并州北部（今山西北部），西晋永嘉四年（310年）拓跋首领猗卢协助晋并州刺史刘琨击败白部鲜卑和铁弗匈奴刘虎部，作为酬谢被封为代公，并获得五县之地，疆域又扩展到今山西代县、朔州和繁峙一带。315年（西晋建兴三年）建代国，以平城（今大同市）为南都。代建国三十九年（376年）为前秦所灭。386年（东晋太元十一年），拓跋珪收集旧部复国，同年迁都盛乐，称魏国，史称北魏。皇始三年（398年）迁都平城。北魏从后燕、夏夺取大部分疆域，又先后灭北燕、北凉，到太武帝拓跋焘在位时（424—451年）基本统一北方。孝文帝太和十七年（493年）迁都洛阳。

北魏刚统一北方时的疆域大致北至今中蒙边界稍北，蒙古高原和今叶尼塞河上游、贝加尔湖一带有柔然、高车（敕勒）、契骨等部族，其中柔然与北魏为邻，最为强大，在今蒙古杭爱山脉东段车车尔勒格一带建有可汗庭。北魏的东界已退至辽河以西，控制今大凌河下游，辽东成为高句丽的范围。北魏的西戎校尉府驻在扜泥（今新疆若羌县），控制着焉耆（今焉耆县）和鄯善一带，但未能扩展到西域其他地区。南界在今黄河以南，占有今河南中部及山东西北局部。

南朝宋元嘉二十七年（450年，北魏太平真君十一年）北伐失败，魏军反击，一度到达建康（今南京市）对岸长江边，从此疆域扩展至淮河一线，南朝仅保住今江苏北部。但北魏在西部已失去对西域的控制，退至伊吾（今新疆哈密市）。

北魏永熙三年（534年，梁中大通六年），孝武帝讨伐权臣高欢未成，出奔关中，依靠宇文泰在长安建都，史称西魏。高欢另立元善见为帝，迁都邺，史称东魏。东、西魏的界线大致在黄河、今山西西南、河南西部、湖北北部。

东魏武定五年（547年，梁中大同二年），侯景以河南地降梁，使梁的疆域扩大到淮河以北。此时吐谷浑首领夸吕（529—591年在位）称汗建国，540年（西魏大统六年）以伏俟城（在今青海湖西岸布哈河口附近）为都。西魏的西域部分为吐谷浑所占，伊吾被柔然占有，西界退至敦煌。

东魏武定八年（550年，西魏大统十六年，梁大宝元年），高洋废孝静帝自立，国号齐，史称北齐。

西魏废帝二年（553年，梁承圣二年）攻取梁的益州，次年攻下梁元帝所在的江陵，其疆域增加今湖北西部、重庆、四川。今贵州和云南名义上也随益州的归属而成为西魏一部分，实际上已为当地民族所占。西魏又划出江陵附近数县立萧詧为梁帝，作为附庸，史称后梁。557年（北齐天保八年，梁太平二年），北周取代西魏。与此同时，北齐夺取南朝江淮间地，陈的北界已退至长江。

北方的局部扩张和南方的退缩

公元2世纪后期，由于西北羌人不断反抗，汉朝对西北地区的控制越来越弱，不少政区不得不撤销或撤至内地。北方的鲜卑逐渐南侵，移居入塞的南匈奴人也在扩大活动范围。至灵帝光和七年（184年）黄巾起义爆发，东汉无暇再顾及边疆，朔方、上郡、北地、定襄、云中、五原六郡完全放弃，上谷、代、雁门、西河、安定等郡也都放弃了一部分，大致退至今桑干河、吕梁山、黄河和六盘山一线。此线以北被称为"羌胡"者所有，实际上是由匈奴、鲜卑、羌等多民族聚居或杂居,留在那里的汉人也有一定数量,这种状况一直延续到西晋末年。在整个十六国和北朝期间,尽管北方经常处于战乱之中,疆域很不稳定,但由于原来居住在边境的非汉族先后占有黄河流域的全部或一部分,他们把中原王朝的疆域和自己的根据地连成一片,有的还并吞了其他北方民族,因此中原政权管辖的范围反而有所扩大。例如前燕并吞了鲜卑的宇文部,北部边境增加了今老哈河流域,基本恢复了西汉旧地。在北魏统一北方以后,至523年长期戍守北方沃野等六镇的将卒发起六镇起义以前,它的北界不仅大体与秦汉时相同,阴山一带还达到更北,控制了阴山北麓。

东汉后期对西域的控制一度中止,此后西域长史府也时置时废。但由于中原与西域长期的交往,中原人民在西域的长期经营,西域与中原的联系并未断绝。不仅如此,西北的地方政权还第一次在西域设置了正式行政区。327年,张氏前凉设置高昌郡,辖有今新疆吐鲁番盆地东部哈拉和卓一带。此后历经前秦、后凉、西凉,直到439年北凉为北魏所灭。西域的第一个郡建在吐鲁番盆地,这绝不是偶然的。这里是通向西域的孔道,一直是中原王朝经营的要地,西汉以来戊己校尉常驻于此,大批汉人迁来开垦,农业已有相当良好基础,因而在北凉被灭后,高昌郡地还有可能成为一个独立的高昌国长期存在,直到640年才灭于唐。东汉在朝鲜半岛上的乐浪郡,到后期只控制了北部,南部的几个县已由当地民族占据。但在建安年间(196—220年),地方割据势力公孙氏政权恢复了对南部的统治,并新设置一个带方郡。公孙氏与以后的魏、西晋还基本上控制了今朝鲜北部北大峰山脉以东地区。

高句丽于209年迁都丸都城(今吉林集安市境内)后,日益强大,逐渐向南扩张,终于在西晋末(313年)完全占领乐浪郡。差不多与此同时,带方郡也被南方的马韩吞并。中原王朝在朝鲜半岛设置正式行政机构400多年的历史就此结束。高句丽继续向西侵夺先后属于前燕、后燕的辽东、玄菟二郡,经过多次争夺,在404年取得辽河以东地。427年,高句丽迁都今朝鲜平壤,标志着高句丽已经成为不受中原王朝控制的独立政权。

十六国时期,聚居于湟水流域和黄河上游的吐谷浑兴起,向南扩张到今四川松潘县一带。以后吐谷浑受挫退出,羌人进入今甘南、川北。北周时又驱逐羌人,设置宕昌郡。这是中原政权在当地首次设立正式行政区。

东晋以后,南方先后建立宋、齐、梁、陈四个政权。这些政权的都城都设在建康(今南京市,即原建业,因避晋愍帝讳而改),仅梁元帝时(552—555年)有不足三年的时间迁都于江陵。与北方中原政权的局部扩张相反,南方汉族政权的疆域始终是在收缩的。

西南少数民族聚居地区虽然在汉武帝时已设置郡县,但中央政权的行政控制往往只限于政区治所周围和交通线沿线。三国时蜀国的诸葛亮曾大力开发,实际控制区有所扩大,但到西晋时一些政区已名存实亡。由于东晋和南朝一直忙于防御北方和对付内部的权力之争,顾不上西南边区的经营和开发,加上地方官治理不当,甚至残酷压迫当地民族,规模不等的反抗时有发生。不过直到南朝中期为止，设在今云南和贵州的宁州名义上始终存在，并由朝廷派遣官员。南朝梁武帝太清二年（548年），侯景之乱爆发，宁州刺史奉命救援京师，离开治所。当地爨蛮的豪族乘机而起，在550年脱离梁朝。在宁州爨蛮影响下，周围的地区纷纷自立，因此在今四川长江和大渡河以南、湖南西部已经不再有南朝的郡县存在。

汉朝疆域最南端是日南郡象林县。192年（一说在137年），当地人区连建立林邑国，脱离汉朝，因而汉朝的南疆从北纬13°退到北纬16°一线。三国时期，林邑又向北扩张，并吞了西卷县，推进到北纬17°。大约在南朝后期，林邑又占了原日南郡剩下的三个县，南朝疆域的南界退到北纬18°一线。

五、从大一统到大分裂：隋、唐、五代时期

随着南北朝的结束，中原王朝的疆域又大致恢复到汉代的范围。在唐朝的极盛时期，它的疆域更创造了一项空前的纪录。但在安史之乱后，唐朝的统一实际上已经过去，五代时期又一次出现了十六国式的分裂。

隋朝行政区域的扩大

隋朝存在的时间尽管很短，却在前所未有的范围内建立了正式行政区。

在北方，隋朝从突厥人手中夺回了河套地区，把边界扩展到阴山以北，五原、定襄二郡的北界已接近今中蒙边界。

在西北，隋朝从突厥取得了今新疆哈密地区，于大业四年

(608年)设置了伊吾郡。隋炀帝又趁吐谷浑被铁勒打败之机,灭了吐谷浑,取得它的故地,于大业五年设置鄯善(治所在今新疆若羌县)、且末(治所在今新疆且末县南)、西海(治所在今青海湖西伏俟城)和河源(治所在今青海兴海县东南)四郡,边境南起昆仑山脉,北至库鲁克塔格山脉,东起青海湖东岸,西至塔里木盆地,基本上都是以前从未设置过正式行政区域的地方。

隋初在云贵高原有所扩展,开皇十三年(593年)设南宁州总管府于味县(今云南曲靖市),辖境东至今贵州西部,西至云南大理州。但数年后因爨蛮反抗而放弃。

在南方,隋炀帝于大业元年(605)灭了林邑国,一度设置了三个新郡——比景、象浦、海阴,其中海阴已在西汉日南郡旧地之南。但在隋军撤退后数月,林邑即收复失地,隋朝的南界大致还在北纬18°即横山一线。

不过最重要的事件莫过于在海南岛重新设立行政区,这不能不归功于当地俚族首领冼夫人。俚族分布在今广东西江流域,以后逐步扩展到海南岛上。冼夫人不仅在俚人中有很高的威望,海南岛上的儋耳人也服从她。南朝梁、陈虽然已在海南岛设置了崖州,但实际上并不能有效地控制,而冼夫人对隋朝的效忠,使隋朝顺利地行使对海南岛的管辖,因而在她去世以后就能在岛上设置了珠崖、儋耳、临振三郡。此后,大陆政权对海南岛的行政管辖再也没有中断过。

只有在东北,隋朝对高句丽的战争以失败而告终,边界仍在辽河一线。

空前的扩展：唐朝前期的疆域

在隋末农民起义的高潮中，隋太原留守李渊于大业十三年（617年）起兵长安，立代王杨侑为帝。618年，李渊逼杨侑禅位，建立唐朝。至唐太宗贞观二年（628年），隋末以来的割据势力已全部被消灭，唐朝完成统一。

随着隋朝的覆灭，除了海南岛以外，扩大的疆域不仅全部丧失，而且东突厥大肆南侵，连唐朝的首都长安也受到威胁。但不久，唐朝就转入攻势，恢复并开拓了疆域。

贞观四年（630年），大将李靖灭东突厥，唐朝的实际控制区达到贝加尔湖以北，设置行政区的范围也扩大到阴山以北600里，超出了今国界。贞观十四年，唐军灭高昌，在今新疆也先后设置伊州（今哈密地区）、西州（今吐鲁番一带）和庭州（今乌鲁木齐一带）三个正式行政区，并在交河城（今新疆吐鲁番市西北）设置安西都护府。贞观二十年，唐军击败薛延陀，进至郁督军山（今蒙古国杭爱山脉东支），可汗咄摩支降。唐高宗永徽元年（650年），突厥车鼻可汗被擒，至显庆二年（657年）西突厥被击败投降。显庆五年，唐军由山东半岛东端渡海进攻朝鲜半岛中部的百济，百济降。龙朔二年（662年），唐军在天山击破铁勒。总章元年（668年）灭高句丽，在平壤设置安东都护府。

另外唐朝还一度取得黄河上游的河曲之地和大渡河上游

一带,设置州县;在西南今贵州东北部、云南一部和广西建立了正式行政区。

唐朝的疆域并不限于它的正式行政区。随着军事行动的一次次胜利和当地少数民族的服从,唐朝在边疆地区先后设置了六个都护府和若干边州都督府,用以行使对这些地区的管辖权。

这六个都护府是:

单于都护府

始称云中都护府,龙朔三年(663年)置,麟德元年(664年)改置。治所在云中城(今内蒙古和林格尔县西北土城子),辖境相当于今内蒙古阴山、河套一带。圣历元年(698年)并入安北都护府。

安北都护府

始称瀚海都护府,龙朔三年(663年)移燕然都护府于回纥本部(蒙古国今杭爱山东端),总章二年(669年)改名。辖境约相当于今蒙古国和俄罗斯西伯利亚南部一带。垂拱二年(686年)移置今内蒙古。

安西都护府

贞观十四年(640年)置。治所在西州(今新疆吐鲁番东高昌故城),统辖安西四镇(龟兹、疏勒、于阗、碎叶),辖境相当于今新疆及中亚楚河流域。显庆、龙朔中(656—663年)移治龟兹(今新疆库车县),辖境扩大至自今阿尔泰山西至咸海间所

五、从大一统到大分裂:隋、唐、五代时期

有游牧部族和葱岭东西直至阿姆河两岸城郭诸国。后逐渐缩小,安史之乱后退至葱岭以东。

北庭都护府

长安二年(702年)分安西都护府置,治所在庭州(今新疆吉木萨尔县北破城子)。统辖包括天山北路东起阿尔泰山、巴里坤湖,西至咸海的西突厥各部族。安史之乱后辖境丧失。

安东都护府

总章元年(669年)置。治所在平壤(今朝鲜平壤市)。辖境西起辽河,南至今朝鲜北部,东、北至海,包括今乌苏里江以东和黑龙江下游两岸直至海口之地。咸亨元年(670年)治所内迁于辽东,后又迁至辽西。

安南都护府

调露元年(679年)改交州都督府置,治所在宋平(今越南河内市)。辖境北有今云南红河、文山二自治州,南至越南河静、广平省界,东有广西缘边一带。安史之乱后,西北今云南地渐为南诏所有。

唐朝还在正式行政区范围外的部族地区设置了边州都督府,如东北设于室韦部落的室韦都督府、设于黑水靺鞨部落的黑水都督府及勃利州、设于靺鞨粟末部的忽汗州都督府(渤海),虽然并没有实际统治这些地区,但确立的臣属关系维持了

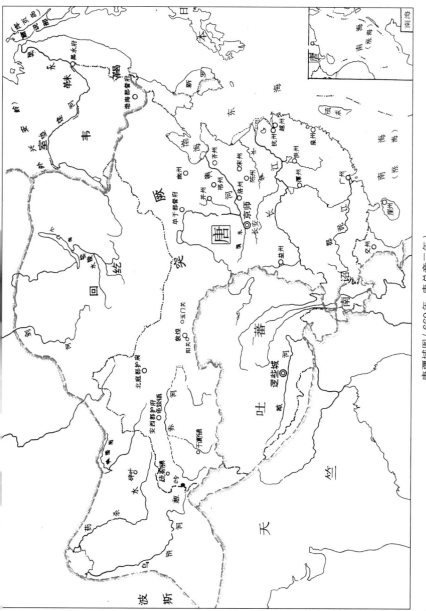

唐疆域图（669年，唐总章二年）

较长时间。

唐朝拥有的疆域最西曾到达咸海,最北曾到达西伯利亚,最东曾到达萨哈林岛(库页岛),最南至北纬18°,在中国历史上是空前的。

但这并不是说唐朝的疆域有这么大,因为它从来没有同时达到这样的范围,而且达到最远点的时间是非常短的。例如,唐朝控制咸海以东是在龙朔元年(661年)后,但到麟德二年(665年)就撤到了葱岭,实际只维持了三年时间。而那时还没有灭高句丽,东边的边界仍在辽河一线。开元三年(715年),唐朝又扩展到葱岭以西,但东部的安东都护府已退至辽西。天宝十载(751年),怛罗斯(今哈萨克斯坦江布尔)一役败于黑衣大食(阿拉伯帝国阿拔斯王朝),唐朝的疆域又退至葱岭一线。北方自贞观二十年(646年)灭薛延陀,唐朝的疆域达到贝加尔湖以北,到仪凤四年(679年)突厥再起,又撤至阴山以南,也只维持了32年。所以尽管开元、天宝是唐朝的黄金时代,但它的疆域极盛阶段已成过去,六都护府的控制力大为削弱,范围也大大缩小,有的已到了名存实亡的地步。

强盛后的衰落:安史之乱后的唐朝疆域

天宝十四载(755年)安史之乱爆发,唐朝竭力镇压,西部疆域被吐蕃夺取。至广德元年(763年)叛乱平息时,今陇山、六盘山和黄河以西以及四川盆地以西已为吐蕃所有。起初河西走廊有些政区还是由唐朝地方官据守,不久就完全陷于吐蕃。西南今云南全省、四川南部和贵州西部都已为南诏所有,大渡河成了双方的界河,而且西南的少数民族纷纷摆脱唐朝的统治。到唐末,今贵州、湖北西北部、湖南西部和广西西部都已不在唐朝管辖之下。随着渤海国的兴起和扩张,东北的疆域也已收缩到今辽宁中部。

大中二年(848年),沙州(治所在今甘肃敦煌市西南)人张议潮驱逐吐蕃守将,收复沙州。此后又收复瓜州(治所在今瓜州市东南)、肃州(治所在今酒泉市)和甘州(治所在今张掖市)。到大中五年,张议潮率领沙、瓜、伊、西、甘、肃、兰、鄯、河、岷、廓十一州归入唐朝。此前的大中三年,唐朝已收复秦、原、安乐三州,唐朝的西部疆域恢复到今新疆吐鲁番地区,河西走廊和陇东、关中又连成一片。

但由于唐朝国力衰退,对边疆已鞭长莫及。到乾符二年(875年)黄巢起义爆发后,更无法控制河西。当地汉人实力有限,陇右、河西又陆续被吐蕃和回纥夺去,只有瓜、沙二州始终为汉人所据,孤悬于唐朝疆域之外。以后曹氏政权取代张氏政权,直到北宋时才灭于西夏。

五代期间,中原王朝的疆域继续缩小,北方契丹(以后的辽)向南扩展。后唐(923—936年)时,契丹占有营州(今辽宁朝阳市、锦州市一带)和平州(今河北滦河下游地区)。后晋天福元年(936年),石敬瑭又将以幽州(治所在今北京市)、云州(治所在今山西大同市)为中心的16个州(史称"燕云十六州"或"幽云十六州")割让给契丹。其中最南的瀛、莫二州在显德六年（959年）被后周收回，因而双方就以白沟（今拒马河）一线为界。

在唐末天祐三年（906），交州（今越南河内一带）土豪曲承美驱逐唐朝的地方官，自称静海军节度使。五代初期，占有岭南的南汉政权曾两次出兵取消静海军节度使，恢复交州，但很快就被当地人赶走。939年（后晋天福四年，南汉大有十二年），交州人再次驱逐南汉官员，由吴权称王，越南从此脱离中国。尽管以后还接受中国王朝的封号，但实际上逐渐成为独立国家。

边疆政权的消长

在隋、唐、五代时期，中国境内还有几个与中原王朝并存的政权，主要有：

突厥

突厥起源于今俄罗斯叶尼塞河上游，后迁今新疆天山北麓。公元5世纪被柔然征服，又被迁于阿尔泰山。6世纪中叶迅速强大起来，灭柔然，建立起一个疆域广阔的汗国，其范围包括今内蒙古中西部、蒙古高原、贝加尔湖东西的西伯利亚南部、今新疆大部和中亚咸海、巴尔喀什湖以东的阿姆河、锡尔河、楚河流域，牙帐（首领驻地）建于今蒙古国杭爱山脉东段。582年（隋开皇二年），突厥分裂为东西两部分，大致以阿尔泰山为界。

东突厥建牙帐于今蒙古国哈尔和林西北鄂尔浑河西岸,西突厥建王庭(王的驻地)于三弥山(今新疆库车北天山南麓)。

东突厥于630年(唐贞观四年)灭于唐。682年(唐永淳元年)重新建国,史称后突厥,疆域与被灭前大致相同,但其内部部族众多,各有领地,如叶尼塞河间上游有黠戛斯,贝加尔湖一带有骨利干,色楞格河流域有回纥等,统治不稳定。744年(唐天宝三载)灭于回纥。

西突厥于659年(唐显庆四年)为唐朝所灭。

回纥(回鹘)

回纥原为铁勒十五部之一,臣属于东突厥。天宝初灭突厥后,基本继承了它的疆域,牙帐建于今杭爱山和鄂尔浑河之间。因助唐平定安史之乱有功,与唐朝关系进一步密切。788年(唐贞元四年)改称回鹘。此后又越过阿尔泰山向西扩展,驱逐吐蕃,取得天山以北地区,并一度进入中亚费尔干纳盆地。但曾与回鹘结盟反对突厥的葛逻禄由今额尔齐斯河上游西迁,设首府于碎叶城(今吉尔吉斯斯坦北部托克马克附近),所以西部中亚地区为葛逻禄所有。回鹘后期重蹈突厥覆辙,在内乱和天灾中于840年(唐开成五年)灭于黠戛斯。

回鹘人大部分西迁,其中主要的两支有比较稳定的疆域。

西州回鹘在天山东段今新疆乌鲁木齐至哈密一带,以西州高昌故城为都,又称高昌回鹘、高昌。到12世纪初,其疆域扩展至塔里木河流域今库车一带。后成西辽属国,13世纪初归附近蒙古,中叶后成为元朝直辖地。

河西回鹘在河西走廊中段,而以甘州(治所在今甘肃张掖)为中心。11世纪前期灭于西夏。

另有一支迁至葱岭以西楚河流域,投奔葛逻禄,称为葱岭西回鹘,10世纪初与葛逻禄等族共同建立黑汗(喀喇汗国)。

吐蕃

隋朝时青藏高原的各部族互不统一,中部有宝髻、孙波等,东部为党项、嘉良、附国,西部为女国、象雄,到7世纪初形成了三大势力——吐谷浑、苏毗(孙波、孙波如)和吐蕃。吐谷浑灭于隋朝,唐初复国,但635年(唐贞观九年)再次被灭,成为唐朝一部分。而吐蕃在其赞普(首领)松赞干布时期崛起,由山南匹播城(今西藏琼结县)迁都逻些(一作逻娑,今拉萨市),兼并了苏毗、羊同等部,又破党项、白兰,击败吐谷浑,获其旧地;向西征服在今克什米尔地区的大小勃律,向南取得泥婆罗(今尼泊尔)等地,不仅统一青藏、康藏高原,而且占有今四川西部、滇西北等地。安史之乱后,吐蕃向东、向南扩展,取得唐朝大片领土。8世纪后期至9世纪初,吐蕃疆域达到极盛,西起葱岭,东至陇山、四川盆地西缘,北起天山山脉、居延海,南至喜马拉雅山南麓。9世纪中叶,吐蕃发生内乱,国势衰落,以后内部分裂。10世纪时,河西地区只剩下一小部分,祁连山南麓的阿柴原系臣属于吐蕃的吐谷浑部落,在今青海地区的吐蕃族称为脱思麻,在原吐蕃中心地区的称为乌斯,其东为波窝、敢,其西为藏,今阿里地区、克什米尔地区分为纳里、古格、布让、日托、麻域等部。

南诏

云贵高原上部族众多,唐初曾在今四川宜宾和云南姚安分别设置戎州、姚州加以控制。649年(唐贞观二十三年),乌蛮六诏之一的蒙舍诏在今云南巍山县建立大蒙政权。因其在六诏中地位最南,故称为南诏。8世纪初,吐蕃侵入云贵高原。为对抗吐蕃,唐朝支持蒙舍诏首领皮罗阁统一六诏,封为云南王,南诏迁都太和城(今云南大理市太和村)。天宝年间(742—756年),南诏并吞东诏、西诏,并向东扩张,占领爨族地区。750年(唐天宝九载),皮罗阁反唐,攻陷姚州,次年起又依附吐蕃,大败前往征讨的唐军,将唐军逐出云南,从此脱离唐朝。安史之乱后又向北扩张,并夺取周围地区,在今昆明市境筑拓东城以控制东南部。794年(唐贞元十年),又转而联合唐朝反吐蕃,夺取神川都督地(今云南剑川、鹤庆、丽江、香格里拉一带)和昆明城(今四川盐源县),又南征茫蛮、黑齿等部族。

779年(唐大历十四年),南诏极盛时期的疆域包括今云南全部、四川大渡河以南大部、贵州西部,以及缅甸北部那加山山脉和萨尔温江以东地,老挝北部等地。

902年(唐天复二年),贵族郑买嗣夺取政权,次年建大长和国。928年(后唐天成三年),赵氏夺权,改国号为天兴。929年杨氏夺权,改国号为义宁。937年(后晋天福二年),段思平又取代杨氏,建大理国,定都大理(故羊苴咩城),以鄯阐(故拓东城)为东京。在此期间,该国疆域除东北略有缩小外,变化不大。

渤海

唐初灭高句丽后,高句丽旧将大祚荣被安置在辽西的营州。后契丹叛乱占了营州,大祚荣率部进入靺鞨地区,成为当地人首领,在698年(唐圣历元年)建振(一作震)国,以显州(今吉林敦化市)为都。713年(唐先天二年)受唐朝封为渤海郡王,改称渤海。8世纪中叶,迁都上京龙泉府(今黑龙江宁安市西南东京城)。极盛时境内设五京、十五府、六十二州,疆域西至今吉林农安、梨树,辽宁昌图、宽甸,东至于海,北至黑龙江鹤岗、同江、抚远及以东,南至辽宁丹东市,东北至朝鲜龙兴江一带。

926年(契丹天显元年)为契丹所灭,改为东丹国,成为契丹附庸。928年迁至辽东,982年并入辽朝。

大分裂时期:五代十国

安史之乱后,唐朝再未真正统一过,外族入侵、藩镇割据、武将叛乱、农民起义不断出现,皇帝出逃也时有发生。但名义上唐朝依然存在,而且在某些阶段,藩镇势力受到打击,朝廷权威得以恢复。907年(唐天祐四年),朱温废唐哀帝自立,连表面的统一也不复存在,进入"五代十国"的大分裂时期。

这一阶段与东晋十六国时期有不少相似之处:前后出现十几个政权,有时在中国范围内同时存在的政权就超过十个;南方与北方基本处于分裂状态;每个政权的疆域范围都不大,有的政权只拥有弹丸之地；北方的"五代"中有三代是由非汉族的沙陀人所建，同时还有契丹（辽）、大理等非汉族政权。与东晋十六国不同的是：分裂的时间短得多，各政权的寿命一般更短，南方也处于分裂之中，而黄河流域虽然政权更迭频繁，疆域却比较稳定。

五代十国的疆域范围大致如下：

（后）梁

唐末朝廷大权落入朱温手中。904年（唐天复四年），朱温迫唐昭宗东迁洛阳，长安宫殿、官署、街坊都被拆毁，成为废墟。907年，朱温废哀帝，即帝位，建国号梁，以汴州（今河南开封）为东都开封府，是实际首都，以原东都洛阳为西都。因南北都已存在不少独立政权，梁的疆域只有今河南和山东、安徽的淮北、江苏西北角、湖北长江以北大部、陕西东部、山西南部和河北南部。923年（梁龙德三年）为（后）唐所灭。

（后）唐

沙陀首领李克用借出兵助唐镇压黄巢起义之机，据有今山西中、北部和河套地区，唐末被封晋王。梁时其子李存勖继位，始终与梁对抗，于923年称帝，国号唐，史称后唐。同年灭梁，迁都洛阳。由于原割据关中西部和陇东的岐王李茂贞称臣，卢龙等镇取消，后唐基本统一北方，其北界推进到今渤海湾北、燕山、山西、陕西和宁夏北界一线，西界扩大至贺兰山、陇东一线，仅在今陕北和宁夏东北的定难镇保持相对独立。同光三年

（925年）灭前蜀，疆域增加了今四川邛崃山以东地、湖北西北部、陕西南部和甘肃东南部。但至长兴三年（932年），孟知祥占有前蜀旧地。清泰三年（936年）灭于后晋与契丹。

（后）晋

沙陀人石敬瑭原是后唐河东节度使，驻晋阳（今太原市西南），936年反唐。为击败唐军，石敬瑭向契丹称臣，许下割让卢龙一道和雁门关以北土地的诺言，乞求援兵。契丹主率军救晋阳，大破唐军。契丹立石敬瑭为"大晋皇帝"，石敬瑭将十六州割让契丹，并保证每年献帛30万匹。这十六州是：幽（治今北京市）、蓟（治今天津蓟州区）、瀛（治今河北河间市）、莫（治今任丘市）、涿（治今涿州市）、檀（治今北京密云区）、顺（治今北京顺义区）、新（治今河北涿鹿县）、妫（治今怀来县）、儒（治今北京延庆区）、武（治今河北张家口市宣化区）、云（治今山西大同市）、应（治今应县）、寰（治今朔州市东北）、朔（治今溯州市）、蔚（治今河北蔚县），史称燕云十六州，或称幽云十六州。45岁的石敬瑭欣然认34岁的耶律德光为父，自称儿皇帝，当年在契丹扶植下攻下洛阳。天福三年（938年）以洛阳为西京，大梁为东京开封府，是实际首都。后晋的北界已退至今河北、山西中部，其余疆界与后唐大致相同。开运三年（946年），契丹军攻入开封，后晋亡。

（后）汉

947年，原河东节度使刘知远（沙陀人）不服从辽朝（契丹改名),在太原称帝。同年辽军被迫退回,刘知远至大梁,改国号为汉,史称后汉。乾祐二年(949年)平定境内叛乱,疆域大致恢复至后晋时状况。次年底,大将郭威称帝,后汉亡。

(后)周

951年,郭威改国号为周,史称后周。显德四年(957年),夺取南唐江淮间地,南界推进到洞庭湖以东长江一线。显德六年又收复燕云十六州中最南的瀛、莫二州,与辽以白沟(今拒马河)为界。但山西中部已由北汉割据。显德七年初,赵匡胤在陈桥驿发动兵变称帝,后周亡。

吴

唐天复二年(902年),杨行密被封为吴王,占有江淮一带,以扬州为都,改称江都府。吴后期的疆域大致相当于今江西,安徽淮河以南,江苏江淮间地和江南无锡以西、苏北东北部,湖北东部,河南淮河、大别山间地。937年为南唐取代。

南唐

吴天祚三年(937年),吴主传位于徐知诰,改国号为齐。次年徐知诰复姓李,改名昇,改国号为唐,史称南唐。以江都为东都,改金陵府(今南京市)为江宁府,为西都,是实际都城。保大三年(945年)灭闽,次年留从效据泉州、福州一带为吴越所占,南唐扩大至今福建西部。保大九年灭楚,疆域增加今湖南和贵州东部,但次年为楚旧部驱逐。保大十五年失去长江以北。宋开宝八年（975年）降于宋。

吴越

唐末，钱镠据有吴越，开平元年（907年）接受后梁封为吴越王，后又多次接受中原王朝封号和年号，但实际是独立政权。建都杭州，称西府；以越州（今绍兴市）为东府。吴越国有今浙江省和江苏省南部苏州以东地。947年，出兵援助据有福州对抗南唐的李达，疆域扩大到闽江下游今福州一带。宋建立后一直服从，太平兴国三年（978年）吴越主举族迁于开封，国除。

楚

唐末，马殷据有今湖南。907年接受后梁封为楚王。后唐天成二年（927年）封为楚国王，建都长沙，拥有今湖南、贵州东部、广西红水河和浔江以北地。951年灭于南唐。

952年楚旧将刘言驱逐南唐军，投后周。显德三年（956年），周行逢据湖南，受后周封为武平军节度使，迁治武陵（朗州，今湖南常德市）。宋建隆四年（963年）被灭。

闽

唐末，王审知据有今福建省境。后梁开平三年（909年）受封为闽王，以福州为都。闽名义上一直归属于中原王朝，用后梁、后唐年号，实际是独立政权。933年，王璘称帝，改福州为长乐府。后期内乱，945年灭于南唐。

闽亡后,泉州守将留从效于946年驱逐南唐军自立后受南唐封为晋江王,据有泉州、漳州一带,至宋太平兴国三年(978年)归宋朝。闽旧将李(仁)达据有福州,降于吴越。

南汉

唐末刘隐为广州节度使,后梁开平三年(909年)被封为南平王,实际已成独立政权。至其子刘岩(后改为䶮)继位时,已占有今广东、海南和广西红水河及浔江以南地。贞明三年(917年),刘岩在广州称帝,国号大越,次年改为汉,史称南汉。以广州为都,改名兴王府。951年,楚灭于南唐,乘机夺取其南部,疆域扩大至今广西全境及湖南郴州一带。开宝四年(971年)灭于宋。

前蜀

王建于唐末据有东、西川,受封为蜀王。907年后梁代唐,王建称蜀帝,以成都为都,史称前蜀。其疆域包括今四川邛崃山以东、重庆市大部、湖北西北部、陕西南部和甘肃东南部。同光三年(925年)灭于后唐。

后蜀

前蜀灭后不久,后唐孟知祥即据有西川,至长兴三年(932年)已完全控制前蜀旧地。934年,孟知祥称帝,建都于成都,史称后蜀。其疆域与前蜀相同。宋乾德三年(965年)兵入成都,其子孟昶降,后蜀亡。

荆南（南平）

后梁开平元年（907年），高季兴任荆南节度使，辖十州，约相当于今湖北石首、沙市、荆门以西一带，治江陵。后唐同光二年（924年）封为南平王，史称南平。宋建隆四年（963年），宋军以讨湖南叛将为由假道，第五主高继冲降。

北汉

后周代汉后，汉河东节度使刘崇（旻）在太原称帝，史称北汉。仅有今山西离石、沁源、阳泉、代县间地，依附于辽。宋太平兴国四年（979年）围太原，北汉主刘继元降。

在此期间实际存在的独立、半独立政权还不止以上所列，但范围有限，存在时间也不长。

六、分裂的延续和结束：宋、辽、金时期

北宋的统一仅限于五代十国旧地，而在中国范围内，同时存在着辽、西夏、大理、吐蕃、西州回鹘、黑汗和以后的金、西辽等政权。直到元朝统一之前，始终处于宋、辽或宋、金两大政权对峙，更多政权并存的局面，分裂状态并未结束。但这些政权间的界线是中国内部不同政权间的界线，不应看成是中国与外部世界的界线。

北宋和南宋的疆域

960年，赵匡胤通过兵变取代后周，建立宋朝，首都仍在东京开封府，史称北宋。

太平兴国四年（979年），北宋消灭最后一个割据政权——

北汉,基本恢复了唐后期的疆域。但其北界已退至今山西的河曲、岢岚、原平、代县、繁峙和河北阜平、满城、容城、霸州市及天津市区一线。在宋辽间的战争中,辽军曾多次南下,最远到达澶州(治所在今河南濮阳市);宋军也曾推进到此线以北,但在双方稳定时,这样的形势并没有改变。

西北党项族首领李继捧一度向宋朝投降,并献出银(治所在今陕西榆林市东南)、夏(治所在今靖边县北白城子)、绥(治所在今绥德县)、宥(治所在今内蒙古鄂托克旗东南城川古城)四州之地,但他的族弟李继迁在三年后就占据银州,以后又不断进攻夏、灵、麟等州,一直没有真正服从过宋朝的统治。1034年(宋景祐元年),李继迁之孙元昊(因曾被宋朝赐姓为赵,一度称赵元昊)正式建夏国,史称西夏。此后宋朝的西北界大致稳定在今甘肃兰州、靖远,宁夏同心及陕西北部的白干山一线。

对西南在唐后期脱离的少数民族地区,宋朝并未恢复控制。

北宋主要的一次开疆拓土是在神宗熙宁年间及徽宗大观年间这三十多年间进行的。

在西北,是从吐蕃所属部族手中夺取唐后期以降的失地。熙宁四年(1071年)任命王韶为新置的洮河安抚使,开始对河湟一带用兵。次年击败羌族的木征,收复熙州,置熙河路。熙宁六年,王韶又取得河(治所在今甘肃临夏市西南)、洮(治所在今临潭县)、岷(治所在今岷县)、宕(治所在今宕昌县)、亹(治所在今青海门源县境)等州地。元符二年(1099年),吐蕃邈川首领内部冲突,宋朝乘机取得邈川和青唐,分别设置湟州(治所在今青海乐都县)和鄯州(治所同)。但不久因羌人反抗

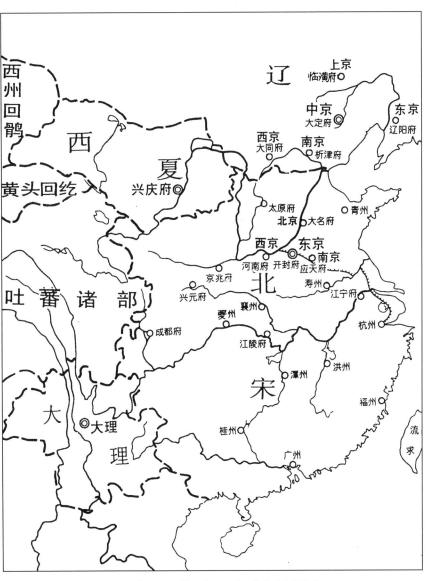

辽、北宋、西夏形势图(1111年,北宋政和元年)

而弃守，其他州也有丧失。崇宁二年（1103年），宋军收复湟州，次年收复鄯州和廓州（治所在今青海化隆县西南）。大观二年（1108年）又收复洮州和积石军（治所在今青海贵德县西）。宋朝的疆域扩大到今乌鞘岭以南的湟水流域、大夏河流域、洮河流域。

在西南，宋朝的进展是恢复对少数民族聚居区的控制。经过多次军事征伐和招抚，今四川南部、湖北西南、湖南西部、贵州东北和广西西部重新归入版图，设置正式州县或羁縻州。其中最著名的一次是熙宁五年（1072年）章惇开"梅山蛮"。梅山即今湖南中部兴化、安化一带，是瑶族聚居区，从此设县建城，编户籍，定赋税，与汉族地区同样设置了正式行政区。

靖康元年（1126年），金军攻占开封，次年宋徽宗和钦宗被掳北迁，北宋覆灭。1127年，赵构（宋高宗）在南京（今河南商丘市南）即位，史称南宋。在金兵的追逼下，高宗不断南迁，建炎三年（1129年）升杭州为临安府，建为行在所（临时首都）。

与北宋相比，南宋的南部和西南边界并无变化，但北界因金人入侵而大大南移。南宋初，金兵一度进至今湖南、江西和浙江三省中部。绍兴九年（1139年，金天眷二年），宋金第一次和议成立，双方确定以当时的黄河为界。但次年金人毁约，出兵取河南、陕西。绍兴十一年（金皇统元年），宋金议定以淮河为界。第二年又将西界调整至大散关（今陕西宝鸡市西南）及今秦岭以南。以后仅有局部变动，基本稳定在此线。

据赵汝适于宝庆二年（1226年）所写《诸蕃志》记载，当时澎湖列岛已隶属于福建路晋江县。

辽、金和其他政权的疆域

辽

建立辽朝的契丹人发祥于潢河（今西拉木伦河和西辽河）流域，五代初崛起。907年（后梁开平元年）耶律阿保机代遥辇氏为契丹主，并八部为一国，916年（后梁贞明二年）称帝。契丹相继征服周围的奚、霫、黑车子室韦、女真、乌古、室韦、吐谷浑、党项、鞑靼、沙陀等部，攻取营州、平州、辽东（今滦河、辽河流域），并于天赞五年（926年，后晋天福元年）取得燕云十六州，成为中国北方一个幅员辽阔的大帝国。辽朝的稳定疆域西起金山（今阿尔泰山），北至蒙古高原北缘和外兴安岭，东抵库页岛（今萨哈林岛），其南界的西段大致按今中蒙边界分别与西州回鹘、西夏相接，东段在今内蒙古、山西、河北境内与北宋为界。辽灭渤海后，还一直拥有朝鲜半岛东北部原属渤海国的一块土地，辽与高丽的边界大致在今朝鲜咸兴至鸭绿江口南岸一线。

与大多数中原王朝一样，辽朝的疆域内有不同的管辖方式。它的主要部分，即以汉人为主的农业地区设置了州县，与唐宋的统治并无二致。而在西北的游牧民族地区筑了边防城，实施军事控制，类似汉唐的都护府。对东北松花江流域的女真人的统治与中原王朝对少数民族相似，又因其开发程度不同而有所区别：对江以西的"熟女真"课以赋税，对江以东的"生女真"一般只收受"进贡"。

太祖耶律阿保机在狼河（今乌里吉林伦河）之滨选定都城

地点，神策三年（918年）建成，称为皇都（故址在今内蒙古巴林左旗南）。天显十三年（938年）增建上京临潢府。统和二十五年（1007年）增建中京大定府（今内蒙古宁城县西大明城）。辽的正式首都始终在上京，但后期的实际首都已迁至中京。

西州回鹘

在天山东段今乌鲁木齐一带，以西州高昌故城（今吐鲁番市东）为都，又称高昌回鹘、高昌。12世纪初，疆域扩展至塔里木河流域今库车一带。后成为西辽属国，13世纪初归附蒙古，中叶成为元朝直辖地。

于阗

于阗是西域古国，自西汉归属于西域都护府以后，一方面接受中原王朝的管辖，另一方面继续保持国家的形式和对内的统治。在中原王朝强盛并能够控制西域时，于阗是中原王朝内的自治政权，是王朝疆域的一部分。但在中原王朝衰弱，无法控制西域时，它就成为一个独立政权，唐后期以降于阗就维持着这样的状态。以于阗镇为都城，11世纪初的辖境约有今新疆且末、麦盖地、莎车以南地和帕米尔高原。北宋时灭于回鹘黑汗王朝。

黑汗（黑韩、喀喇汗）

10世纪末，楚河流域的葛逻禄（割禄）联合西迁后的一部分回鹘人趁中亚萨曼王朝瓦解之际，取得河间（阿姆河与锡尔河之间）地带，建立黑汗（喀喇汗）王朝，汗庭建于八剌沙衮

(今吉尔吉斯北部托克马克以东楚河南岸),副汗驻怛罗斯和疏勒。11世纪时疆域包括今新疆西部伊宁市、塔城市一带和喀什市一带,阿姆河中游达尔甘阿塔以东、锡尔河中段以东、巴尔喀什湖以南地。大约自1041年起,黑汗分裂为东西二汗,东汗于1004年后不久灭于阗。1140年归入西辽。

西夏

宋雍熙二年(985年)李继迁袭据银州,从此开始与宋朝对抗。宋咸平五年(1002年)陷灵州,改为西平府,次年建都。其子李德明继立后,于宋天禧四年(1020年)在怀远镇(今宁夏银川市)筑城为都,称兴州。宋明道元年(1032年)李德明死,子元昊继位,仍以兴州为都,称兴庆府。1038年(宋宝元元年)元昊称大夏皇帝,宋称为西夏。

西夏的中心区是今宁夏大部,宋景祐二年(1035年,西夏广运二年,辽重熙四年)灭沙州曹氏政权后,占有河西走廊。经过与宋、辽的反复交战,西夏的疆域大致稳定在北起今中蒙边界,南至祁连山脉,今甘肃兰州市、靖远,宁夏同心,陕西靖边、佳县西南一线,西起今甘肃西界,东至今内蒙古乌拉特中旗、乌拉特后旗、乌梁素海、包头市西、东胜市,陕西神木、佳县西一线这一范围内。金灭辽和北宋后,西夏的东界与金为邻,北部与蒙古为界,大致与辽时相同。南宋初,西夏取得河湟地区(今青海东部)。在西夏后期,边界未发生大的变化。

宋开禧元年(1205年,西夏天庆十二年),在遭受蒙古军首次侵掠后修复城堡,改都城兴庆府为中兴府。此后连续受蒙古攻击,宋宝庆三年(1227年,西夏宝义二年)被蒙古所灭。

金

1114年(宋政和四年,辽天庆四年),辽的属部女真部落首领完颜阿骨打以鸭子河(今松花江哈尔滨以西一段)一带为基地,起兵反辽。次年称帝,建国号金,定都于会宁(今黑龙江阿城市南)。至天会三年(1125年,辽保大五年,宋宣和七年)灭辽,天会五年(宋靖康二年)灭北宋。金灭辽后,取得其大部分疆域,但始终未能征服蒙古高原上的游牧民族。即使在金全盛时,它的西界只达到今兴安岭北段、蒙古国乔巴山、内蒙古二连浩特市一线。随着蒙古的日益强大,金的边界不断后撤,泰和八年(1208年)已退至大兴安岭山脉,今内蒙古达来诺尔、苏尼特左旗、苏尼特右旗、达尔罕茂明安联合旗一线。为防御蒙古而筑的界壕更在这一线之后。

金与高丽的边界大致与辽时相同,但失去了保、定二州,故西端已以鸭绿江为界,而不再在江南占有一席之地。

金太宗时(1123—1134年)以会宁都城所在,升为府。天眷元年(1138年)称上京。贞元元年(1153年)迁都燕京(今北京市),改称中都大兴府。贞祐二年(1214年),在蒙古军队进攻压力下迁都南京开封府(今河南开封市)。末年金哀宗逃至蔡州(今汝南县),天兴三年(1234年)灭于蒙古和宋军的联合进攻。

西辽

在辽覆灭前夜,宗室耶律大石于1124年(辽保大四年)自立为王,率部西迁。在先后占据西州回鹘和黑汗国旧地后,又向西扩展至阿姆河流域。1132年(一说1131年),大石在起儿漫(今乌兹别克斯坦布哈拉西北)称帝,国号仍称辽,史称西辽。1134年建都于八剌沙衮,号虎思斡耳朵。西辽的最大疆域大致包括今新疆全部,帕米尔高原以西至咸海南的阿姆河西岸,巴尔喀什湖以东北至今蒙古国的西部。蒙古兴起后,西辽的东北部日渐为蒙古所占。1211年乃蛮王屈出律夺取政权,但仍沿用辽的国号。至1218年(蒙古成吉思汗十三年)被蒙古所灭。

大理

937年段氏大理建立时,完全继承了南诏的疆域。进入宋代后,由于宋朝一直受到北方的军事威胁,无力经营西南,大理也一度接受宋朝的封号,双方相安无事,边界长期稳定。大理的辖境包括今云南全省、四川西南部、贵州晴隆以西数县、缅甸北部那加山脉以东地和萨尔温江以东地、老挝西北部、泰国北部。建都大理(今市)。1253年(蒙古蒙哥汗三年),被忽必烈所灭,后置为云南行省。

吐蕃

此时仍处于分裂状态,因而除与宋、西夏接壤地带一些部族与之有军事冲突外,没有向外扩张的实力。另一方面,由于受到军事实力和自然条件的制约,周围政权也没有进入吐蕃地区的可能,仅北宋取得了东北边缘的熙河路。吐蕃诸部占地范围包括青藏高原、川西高原,今克什米尔地区大部和喜马拉雅山南麓今不丹、锡金和尼泊尔一部。

蒙古

蒙古高原诸族都曾为辽所臣属,但金在灭辽后,未能继续控制蒙古高原。当地主要有克烈、萌古斯等突厥、鞑靼部族,处于分裂状态。1206年,蒙古部首领铁木真统一蒙古高原诸部,建大蒙古国,称成吉思汗,在怯绿连河(今克鲁伦河)流域建大斡耳朵(第一宫帐)。蒙古国疆域东到金山(今大兴安岭),南至金界壕,西至阿勒泰山(今阿尔泰山)两侧,北至谦河(今叶尼塞河)流域和大泽(今贝加尔河)一带,统治着弘吉剌、汪古、乃蛮、吉利吉思、不里牙惕、八剌忽等部。元建朝后,分裂结束。

七、牧业民族一统天下：元朝的建立

在元朝以前，尽管也有边疆少数民族进入中原并建立自己的政权，却从未能统治整个中国。但蒙古人崛起后，经过70多年的军事征伐，将中国的绝大部分统一起来，形成疆域空前辽阔的元帝国。

公元13世纪初，在中国范围内存在着7个分裂的政权或区域：

蒙古地区——以蒙古高原为主的今大兴安岭以西，居延海、阴山山脉以北至俄罗斯西伯利亚地区，分布着蒙古语系、突厥语系的游牧民族，内部也不统一。

西辽——今新疆及其西至巴尔喀什湖、阿姆河之间地。

金——淮河、秦岭以北的黄河流域及大兴安岭以东地区。

西夏——北起河套，南至陇山、河湟地区，西至河西走廊西端。

南宋——淮河、秦岭以南（除云贵高原以外）地。

大理——云贵高原及周围部分地区。

吐蕃地区——青藏高原及周围部分地区。当时已不存在一个统一的政权，分散为很多部族。

这7个区域中有5个内部有统一政权，其中又以宋、金统一程度最高。吐蕃和蒙古地区内部是分裂的，但最终将7个区域统一起来的却正是蒙古。

成吉思汗统一蒙古各部后，率蒙古铁骑东征西讨。成吉思汗四年（1209年），蒙古进攻西夏，围其都城中兴府，迫使西夏求和而去。又攻西辽属国畏兀尔，取得今新疆乌鲁木齐、吐鲁番和哈密一带。成吉思汗六年（1121年），蒙古攻取西辽另一属国哈剌鲁，将疆域扩展至今巴尔喀什湖以东地。同年秋，蒙古进攻金国，不久就攻入居庸关，威胁其首都中都，并攻陷今山西、河北、山东、河南大批州县。成吉思汗九年（1214年，金贞祐二年）初，蒙古进抵中都，金宣宗求和，成吉思汗退兵。五月，金宣宗迁都南京。蒙古军再次南下，并在次年二月破中都。成吉思汗十三年（1218年），蒙古军杀乃蛮王屈出律，原西辽疆域全部由蒙古占领。蒙古军又先后攻下河东（今山西西南部）、河北和山东。至成吉思汗十六年（1221年，金兴定五年），金黄河以北土地基本上落入蒙古之手。成吉思汗二十一年（1226年），亲率军攻西夏，夺取甘、肃等州。次年六月，蒙古灭西夏，七月成吉思汗病死于清水（今甘肃清水县）行营。

其子窝阔台汗（元太宗）继位后，继续对金进攻，并与南宋议定南北夹击。窝阔台汗六年（1234年，金天兴三年，宋端平元年）正月，蒙、宋军破蔡州（今河南汝南县），金哀宗自杀，末帝死于乱军，金亡。

同年，窝阔台就与臣下议定攻宋，蒙古军袭败北上宋军。此后，灭宋的军事行动持续了四十多年，在长江上游的四川、中游的襄阳（今湖北襄樊市）和淮河中游，战争进行得尤其激烈。蒙哥汗（元宪宗）二年（1252年），命忽必烈自忒列（今四川宜宾市西）进军，至十二月攻破大理城。四年，大理王段兴智被擒，大理国亡。

大约在此前的乃马真后三年（1244年），吐蕃宗教领袖八思巴的叔父萨思迦班智达曾会见过蒙古的大将阔端，表示接受蒙古大汗的管辖。但一部分吐蕃贵族不愿服从蒙古。因此在灭大理后，蒙古军进入吐蕃，镇压了不服从的贵族，完全控制了吐蕃地区。

在攻占襄阳和夺取了四川大部后，元世祖忽必烈于至元十一年（1274年，宋咸淳十年）下诏伐宋。至元十三年（1276年，宋德祐二年）正月，元兵逼近南宋首都临安（今浙江杭州市），宋廷奉表投降。尽管文天祥、张世杰等在南方继续抵抗，但终于回天无力，至元十六年（1279年，宋祥兴二年）于厓山（今广东新会市南海上）战败，宋朝的残余势力完全覆灭。

成吉思汗时，蒙古还没有固定的首都。窝阔台汗七年（1235年），在今蒙古鄂尔浑河上游后杭爱省厄尔得尼召北哈尔和林建都，称喀拉和林，简称和林。蒙哥汗六年（1256年），忽必烈在今内蒙古正蓝旗东闪电河北岸营建宫室城郭，忽必烈汗中统元年（1260年）在此即位，称开平府，中统四年升为上都。

至元四年（1267年）在金中都城（今北京）东北另筑新城，至元九年（1272年）改称大都，成为元朝的首都。

成吉思汗及其子孙先后征服这七大区域，但这些地区并没有都成为元朝的疆域。从成吉思汗十五年（1219年）进行第一次西征开始，蒙古帝国的疆域迅速扩张，从中亚、西亚直到欧洲。成吉思汗晚年实行分封，将今天山、阿尔泰山、额尔齐斯河以西的土地封给三个儿子。由于都服从成吉思汗，帝国是统一的。在窝阔台当大汗时，也还可以指挥其他各部，但到蒙哥（宪宗）和忽必烈（世祖）时，各部已经不相统属，互相争夺大汗的位置，蒙古帝国分裂成为元帝国和四大汗国。

今新疆的天山以北地区大部分已经封给了窝阔台国，因此始终不在元帝国的管辖之下。阿母（姆）河南岸被成吉思汗征服以后，没有分封，所以一直由大汗统治。蒙哥汗时在那里设置阿母河行省，但因离大汗统治区太远，因此蒙哥汗末年将它并入了伊利汗国。蒙哥汗元年（1251年）在今新疆乌鲁木齐一带设置别失八里行省，治所在别失八里（今新疆吉木萨尔县北破城子）。察合台汗国一度据为己有，后期才重新成为元朝的辖区。今伊犁河流域也未分封，元世祖至元十二年（1275年）设置阿里麻里（一作阿力麻里、阿力马力）行省，以阿里麻里（今新疆霍城县水定镇西北）为治所。但该行省存在的时间更短，两年后就废了，以后并入察合台汗国。因此在大部分时期，元朝的疆域还没有包括今新疆的全部。

从元朝开始，整个青藏高原成了中原王朝的一部分，与中国其他部分结成了一个不可分割的整体。根据吐蕃地区普

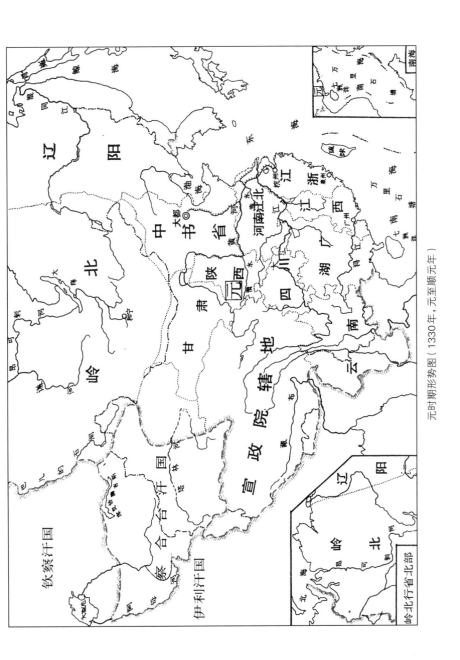

元时期形势图（1330年，元至顺元年）

遍信奉喇嘛教的实际，元朝将它划归掌管全国佛教事务的机构——宣政院（至元初设置时称总制院，至元二十五年改名）管辖，并根据当地需要设分院驻理。在境内设立吐蕃等处（脱思麻），吐蕃等路（朵甘思），乌思藏、纳里、速古鲁孙等三路三个宣慰司，脱思麻司辖有今青海黄南州至四川阿坝州一带，朵甘思司辖有今青海果洛州、玉树州至四川甘孜州、西藏昌都地区，乌思藏司辖有今西藏大部分和克什米尔之地。宣慰司下分辖元帅府、总管府、万户府、千户府、宣抚司、安抚司、招讨司、万户、千户等机构。这些机构有的管理军务，有的办理民事，有的兼管军民。因此尽管元朝为了更有效地统治吐蕃，充分利用宗教因素，对吐蕃地区实施不同于汉族地区的政策，但同样建立了一整套行政和军事机构，行使着完全的主权。

除今新疆地区的较大变动外，元朝的疆域是稳定的：在北方，西起今额尔齐斯河，东至鄂霍次克海；在东部，拥有朝鲜半岛东北部；在西南，包括今克什米尔地区以及喜马拉雅山南麓的不丹、锡金等地，今缅甸东北部和泰国北部。

与汉、唐极盛时期的疆域相比，元朝不仅在面积上大大超过了它们，而且在控制程度上也有过之而无不及。除了吐蕃地区和今新疆东部三个直属于朝廷的单位（别失八里、哈喇火州、哈密力）以外，元朝在全国都设置了行中书省（简称行省），其中包括汉唐时从未设置过正式行政区的蒙古高原以北和辽河下游以北地区。

对周围的邻国，元朝都曾进行过军事征服，有的还设置过行政机构。但元朝的统治能维持的时间都不长，而且这些国家仍然是独立的,所以还不属于元朝的疆域。如元朝对安南(今越南)用兵三次,一度占领了安南,并派了达鲁花赤(地方行政长官)去监督行政,但在安南的激烈反抗下,最后不得不撤出。元朝在缅甸设置过缅中行省,存在的时间也很短。至元二十二年(1285年)在高丽设征东行省,但该省的长官(丞相)就是高丽国王,而且对高丽国内仍称国王,所以高丽实际上只是元朝的属国。

八、退缩中的中原王朝：明时期

至正二十八年（1368年），朱元璋在应天府（今江苏南京市）称帝，国号明。同年八月，明军攻占元朝首都大都，元帝北走。到洪武十五年（1382年），明军平定云南。至此，除了由元朝的残余势力（史称北元）据有的蒙古高原及其西北地区以外，明朝基本上继承了元朝的疆域。但明朝的疆域并不稳定，尤其是在北方和西南，有几次幅度不小的退缩。

奴尔干都司的设置与撤销

在东北方面，明初是以恢复元朝的疆域为目标的。特别是由于在朝鲜半岛的王氏高丽是亲元的，所以明太祖朱元璋曾坚持要以铁岭为界，准备在朝鲜半岛的西北部设置屯驻军队的卫、所，为此与高丽发生过争执。但到洪武二十五年（1392年），高丽李氏取代王氏自立，改而奉行亲明政策，因此明朝不再坚持以铁岭为界，从此鸭绿江、图们江成为明朝与朝鲜的界河。

在东北女真等部落地区，明朝陆续设置了一批羁縻卫、所，用以统治或控制当地民族。永乐七年（1409年）设置的奴尔干都司管辖约300个羁縻卫、所。都司驻于黑龙江下游今俄罗斯哈巴罗夫斯克边区塔赫塔，下距江口150里，辖境包括今黑龙江、精奇里江、乌苏里江、松花江流域，北至外兴安岭以北。永乐九年又征服了苦兀，辖境扩大到库页岛，在岛上设置了囊哈尔卫。奴尔干都司的主要官员如都指挥使、同知、佥事等职都用流官，即由朝廷派遣，而各卫的指挥、千户等职任用土官，即由当地部族的首领担任。奴尔干都司的性质与汉唐时的都护府相似，各卫、所内部的部族也享有自治权。但都司的管辖比都护府更严密，因为下属单位不再有西域那样的国，各卫、所必须完全服从都司。当然，由于属于羁縻性质，所以都司对下属单位的控制程度差异很大，不可一概而论。

都司的设立和存在不仅有可靠的文献记载，而且有确凿的物证。奴尔干都司设立后，内官亦失哈等多次奉命去当地部族宣谕抚慰。永乐十一年（1413年）亦失哈第三次到奴尔干都司时，在都司城西南、黑龙江恒滚河口对岸山上建永宁寺，并在寺前立碑。宣德七年（1432年）他第十次到该地时，发现寺已被毁，次年就委官重建，又立碑纪事。这两块碑详细地记载了设置奴尔干都司的经过与亦失哈屡次宣谕镇抚其地的情况。永宁寺虽久已埋圮，但两碑一直屹立原地。清光绪十一年（1885

年),曹廷杰奉清廷之命对被沙俄侵占地区进行调查,将碑文拓下携回,披露于世。原碑至今还保存在俄罗斯哈巴罗夫斯克(伯力)的博物馆中。

宣德十年(1435年),奴尔干都司撤销,下属的卫所则继续存在。不过由于上一级建置取消,明朝对这些卫所的控制也减弱了,尤其是在明朝国力衰弱以后。为了防止羁縻地区的部族和西部鞑靼进入它的直接统治区——辽东都司,明朝从永乐、宣德开始陆续建起了边墙。边墙东起今辽宁丹东市东北鸭绿江边,向北经宽甸东、本溪西,折东至本溪北,又北经抚顺东、铁岭东、开原东、昌图东,东折至昌图北,南折至昌图西、开原西,以后大致沿辽河而西南至三岔口(今辽宁海城市西北),又自三岔口向西北,经台安、黑山,折东经阜新南,折西南经义县西、锦州西、锦西西、绥中西,折南至山海关止。这道边墙不是明朝的边界,甚至也不是直接统治的界线,因为边墙的东北是奴尔干都司辖境,即使在都司撤销后,也还是明朝疆域的一部分。而且由于军事防卫的需要,边墙也没有完全筑在辽东都司的边缘,它的一部分辖境就在边墙之外。由于辽东边墙通过山海关连接着明朝的另一道边墙(长城),所以它的起点——今丹东市北鸭绿江边,也就是万里长城的起点。

北方和西北诸卫所的内迁

在北方,为了打击和消灭元朝的残余势力,明军不止一次发动进攻，如永乐十二年（1414年）明成祖朱棣亲自率步骑50万击瓦剌马哈木，追至土剌河（今蒙古国土拉河），永乐二十二年成祖又亲征，至和林（今蒙古国哈尔和林）东北的达兰纳穆尔河而还。但由于明军长途进军，离后方很远，对手又是游牧民族，流动性很大，所以难以久驻，也不可能毕其功于一役。虽然明朝无法占领每次军事行动到达的地方，但因实力强大，洪武时的北界还是推进了很多，先后设置了大宁卫（驻今内蒙古宁城县西）、开平卫（驻今内蒙古正蓝旗东闪电河北岸）、东胜卫（驻今内蒙古托克托县）和兴和所（驻今河北张北县）等军事驻屯机构。洪武二十年（1387年）设大宁都司，次年改称北平行都司，治所在大宁卫，辖境北至今西辽河、西拉木伦河、内蒙古克什克腾旗、查干诺尔一线，其西的明确北界则在阴山山脉和贺兰山一线。

在西拉木伦河以北是兀良哈部族，明朝在那里设了三个羁縻卫，称为兀良哈三卫。建文元年（1399年），燕王朱棣举兵推翻建文帝夺取皇位时，曾联络兀良哈三卫支援，到朱棣登位后，就将北平行都司改名大宁都司，移治保定府（今河北保定市），原来的辖地都作为报酬让给了兀良哈。东胜左右卫也分别迁到了今河北的卢龙和遵化，开平卫与兴和所成了孤悬的据点，永乐二十年（1422年），兴和所被蒙古阿鲁台袭陷，迁治宣府（今河北张家口市宣化区）。宣德五年（1430年），开平卫也移治独石堡（今河北赤城县北独石口）。至此，在今北京、河北、山西境内的明朝北界已经退到了以后的长城一线。河套地区本来是明朝的辖地，但在东胜卫后撤后失去了支援，而蒙古却不断入侵,到天顺(1457—1464年)后就完全成了蒙古的势力范围。嘉靖时曾一度准备收复河套,但没有成功。所以在今陕西、宁夏和甘肃境内的明朝疆域也是以长城一线为北界了。当然,以长城为界并不是绝对的,与辽东边墙一样,山海关以西的长城(明代也称为边墙)也不一定完全按照当时的疆域范围建筑。而且由于鞑靼、瓦剌以游牧为主,实力也有盛有衰,有时逼近长城,有时又退得很远。明朝的实际控制区也常常越出长城,在长城以北还存在一些双方势力交错或者都不加控制的地区。

洪武初年,明朝曾取得了元朝在西北的全部疆域,即亦集乃路(治所在今内蒙古额济纳旗东南)、沙州路(治所在今甘肃敦煌市)、肃州路(治所在今酒泉市)和甘州路(治所在今张掖市),占有今甘肃和内蒙古的西部。但不久就放弃了西部,撤到嘉峪关。当时在关外还有7个羁縻卫所,自成化(1465—1487年)以后,其西的土鲁番(即吐鲁番)势力日益强大,吞并了这些羁縻卫所,明朝的疆域就限于嘉峪关以东长城以内了。

南方和西南的退却

明朝初年,安南(今越南)发生内乱,黎苍篡夺了陈氏的王位,又欺骗明朝为陈氏绝后,获得明朝的册封。不久,老挝将故安南国王之弟陈天平送到明朝,明朝于永乐四年(1406年)护送陈天平回国,被黎氏所杀。于是明朝派兵攻入安南,俘获黎

明疆疆域图(1433年,明宣德八年)

苍。在没有找到陈氏子孙的情况下,于永乐五年在安南设置交趾布政使司,下辖17府、47州、157县;同时设都指挥司,下辖11卫、3所。但是明朝的统治受到当地人民的反抗,加上一些官员处置失当,更使冲突激化。尽管明朝不断采用军事镇压,还是无法支持下去,终于在宣德二年(1427年)撤销交趾布政使司和都指挥司,人员全部撤回,重新承认安南的属国地位。

明朝初年,在云南布政使司下除了正式府州,还设有南甸、干崖两个宣抚使和麓川平缅、木邦、孟养、缅甸、八百、车里、老挝、大古喇、底马撒和底兀剌等10个宣慰司。但以后,大古喇、底马撒和底兀喇3个宣慰司因路途遥远,明朝控制不了,脱离了与明朝的关系。麓川平缅宣慰司的故地在正统十一年(1446年)改置为陇川宣抚司,这样就形成了"三宣(宣抚司)六慰(宣慰司)"及其下辖的司(长官司等)。"三宣六慰"都是土司,即其长官都由当地部族或政权的首领世袭,内部自治,但经济上要承担朝廷的"征役差发"和"贡赋",士兵(地方军队)要接受朝廷或上级的调遣。因地理位置的不同,这些土司又分为沿边和外地两种,明朝对它们的统治方式和控制程度虽不相同,但它们都是明朝疆域的一部分。"三宣六慰"的范围除了今国内部分外,大致还包括今缅甸那加山脉、亲敦江和伊洛瓦底江以东地,泰国和老挝的北部。

1531年(明嘉靖十年),缅甸东吁王朝建立,逐步统一缅甸,并不断进攻明朝所属的土司。至嘉靖末(1566年),缅甸吞并了八百、老挝和车里三个宣慰司。万历(1573—1620年)初,又攻占了木邦、蛮莫、陇川、孟养等司,"三宣六慰"全部落入缅甸手中。明朝出兵反击，收复了部分失地，并加强边区的防守。但"六慰"中除车里外都已为缅甸所有，明朝仅保住了"三宣"。至此，明朝在今国界外的疆域主要还有：伊洛瓦底江上游的迈立开江以东、今云南盈江县以北地，萨尔温江以东、缅泰边界以北地以及老挝、越南北部的一些地方，其中包括当时的里麻司所在的江心坡（迈立开江和伊洛瓦底江另一支流恩梅开江之间地）和茶山司所在片马（恩梅开江至高黎贡山间地）。

对西藏主权的延续

明朝初建，西藏的政教领袖乌思藏摄帝师喃加巴藏卜在洪武五年（1372年）遣使纳贡，第二年就亲自入朝，受封为炽盛佛宝国师。明朝曾多次派使者去西藏地区，并在今西藏大部设置了乌思藏都指挥使司，在今西藏的昌都地区东部、四川甘孜藏族自治州和青海西南部设置了朵甘都指挥使司，在今克什米尔地区东北部和西藏西部设置了俄力思军民元帅府；以下分别设有主管或兼管宗教、军事、民政的机构，授予当地僧俗首领以国师、法王、都指挥、宣慰使、招讨使、元帅、万户等官员，根据当地的风俗习惯实行治理。乌思藏、朵甘二司由阐化、赞善、护教、阐教、辅教这五王和大宝、大乘、大慈三法王分治，在今四川西部的甘孜、阿坝州还设有董卜韩胡，长河西、鱼通、宁远二宣慰司。宣德后护教王因无继承人而断绝，而黄教首领锁南坚措的威望越来越高，被奉为活佛，并获得鞑靼俺答汗所赠达赖喇嘛的尊号,成为三世达赖喇嘛,大宝等法王和阐化等四王都徒有虚名,不再能发号施令,达赖喇嘛成为藏族地区政教合一的最高首领。尽管在明朝中期后因国力衰退,朝廷与西藏的联系不如前期密切,但始终掌握着西藏的主权,西藏一直是明朝疆域的一部分。

其他政权的疆域

别失八里

14世纪40年代,察合台汗国陷于分裂,至60年代西察合台汗国演变为帖木儿汗国。1370年(明洪武三年)东察合台汗国居别失八里,1418年(明永乐十六年)西迁亦力把里(一作亦力巴力,今新疆伊宁市),明朝史籍即以城名称其国名。辖境包括今新疆除哈密地区和额尔齐斯河、塔什干以东和帕米尔高原。16世纪后期,天山以北地区的东部已为瓦剌所占,其余也分裂为几部:吉利吉斯,在今巴尔喀什湖以东南一带;哈萨克,在今伊犁河流域;叶尔羌,在今塔里木河流域和帕米尔高原;土鲁番,在今天山以南东部地区和甘肃西部。

鞑靼、瓦剌

鞑靼始见于唐代中叶,是突厥统治下的部族,以后兴起的蒙古是其中一支。元亡后,明朝又将蒙古高原东部蒙古成吉思汗后裔各部都称为鞑靼。

瓦剌,清以后称卫拉特、额鲁特、厄鲁特,本在叶尼塞河上游,被成吉思汗征服后成为蒙古一部。明朝泛指蒙古高原西部和阿尔泰山一带的部族。

1368年(明洪武元年),元帝退出大都,北迁上都。次年明军攻上都,元帝再次北逃。第二年明军又攻克应昌(今内蒙古克什克腾旗西达来诺尔附近),元帝逃至和林,仍用元朝称号,史称北元。传至1402年(明建文四年)取消帝号称汗,去国号称鞑靼,恢复了部族,但内部并不统一。明永乐初,瓦剌分为马哈木、太平、把秃孛思三部,明朝封为顺宁、贤义、安乐三王。鞑靼和瓦剌的范围大致有今内蒙古中部和西部、蒙古高原、阿尔泰山南麓和西伯利亚南部。

1436年(明正统元年),瓦剌顺宁王脱懽并吞贤义、安乐二王部落,统一瓦剌,两年后又控制了鞑靼。其子继立后,东取兀良哈三卫及建州女真各部,西掠沙州、赤斤蒙古、哈密等卫,1449年(明正统十四年)南下攻明,俘获明英宗。1453年(明景泰四年),也先自立为大元田盛大可汗,但两年后在内乱中被杀,蒙古又分裂。1480年(明成化十六年)鞑靼的达延汗(明朝称为小王子)继承汗位,出兵迫瓦剌西迁,又统一了蒙古各部。16世纪前期达延汗死后,又出现了割据局面。至16世纪后期,达延汗之孙土默特首领控制蒙古右翼,称阿勒坦(俺答)汗。阿勒坦汗在今内蒙古呼和浩特筑大板升城(明朝赐名归化),成为漠南地区的政治、经济、文化中心。

九、统一中国疆域的最终形成：清朝时期

东北地区的统一

建立清朝的爱新觉罗家族是东北女真人部落的一支，属于明朝建州卫的一部。永乐元年（1403年），明朝在今黑龙江依兰县一带设置建州卫，永乐十年又设建州左卫，以猛哥帖木儿（努尔哈赤六世祖）为指挥使，后升为都督佥事和右都督。建州卫和建州左卫几经迁徙，最后移置于今辽宁浑河支流苏子河流域。正统七年（1422年），明朝又增设建州右卫，与建州卫、建州左卫合称建州三卫。

万历三年（1575年）和十一年，明朝两次讨伐建州右卫指挥使王杲及其子阿台，努尔哈赤的祖父、建州左卫都指挥使叫场（觉昌安）和父亲建州左卫指挥塔失（塔克世）均充当明总兵李成梁的向导，在后一次战役中在古埒城（今沈阳市鼓楼村

东北)遭明军误杀。为表示抚慰,努尔哈赤被任为建州左卫都指挥使。同年,努尔哈赤起兵攻打曾协助明军的苏克素护部首领尼堪外兰,报父祖之仇。在此后的11年间,努尔哈赤先后攻取或招抚了浑河流域和佟家江流域的栋鄂部、浑河上游的哲陈部、哈达河上游的完颜部与鸭绿江部、长白山北麓的珠舍里部和讷殷部。到1593年(明万历二十一年),努尔哈赤开始进攻海西女真的扈伦四部,1598年(明万历二十六年)征服安楚拉库路,开始经营东海诸部。1616年(明万历四十四年),努尔哈赤在赫图阿拉(今辽宁新宾县东)称汗,建金国,史称后金。不久又征服了叶赫河流域的叶赫部,于是扈伦四部全部归属后金。后金天命三年(1618年,明万历四十六年),努尔哈赤兴兵反明,接连大败明军。以后后金不仅不断攻占明朝在山海关外的据点,还多次越过长城,威胁北京,最南曾攻至徐州附近。天命九年,蒙古科尔沁部降后金。天聪九年(1635年,明崇祯八年),后金出兵灭蒙古察哈尔余部。崇德元年(1363年),皇太极登位,改国号为清。接着又征服了索伦诸部,并完全吞并了东海诸部。到崇德八年,清的疆域已经扩大到明长城以北,包括今内蒙古、东北三省和俄罗斯的北至外兴安岭以北、西起贝加尔湖、东至萨哈林岛(库页岛)间地区。

从入关到平定台湾

明崇祯十七年(1644年,清顺治元年)三月,李自成军进入北京，崇祯皇帝自杀。明驻守山海关的宁远总兵吴三桂引清军入关，与清军一起击败李自成军。五月，李自成军撤退，清军占领北京。九月，福临（清世祖）到达北京，十月即皇帝位，北京成为清朝的首都。清军分路进攻明朝残余势力和李自成、张献忠等政权。清军南下后，于顺治二年攻克扬州，渡长江，南京降，明福王（弘光帝）被俘。同年正月，清军攻破潼关，入西安，李自成军节节败退，经商州、襄阳、武昌，李自成在湖北通山县九宫山被杀。顺治三年，清军攻入浙东，明鲁王逃亡入海。清军入闽，明唐王（隆武帝）被俘。十二月破广州，明绍武帝自杀。清兵入四川，张献忠在西充凤凰山中箭身亡。此后，明桂王（永历帝）与张献忠旧部、李自成余部在南方和西南抗清，张煌言、郑成功在东南沿海抗清，但抵不住清军的攻势，到顺治十六年（1659年）清军占领云南，明永历帝逃往缅甸。至此，除福建厦门、金门等地还在忠于明朝的郑成功手中外，清朝已经拥有明朝的全部疆域。

元朝已以台湾附近的澎湖岛设置巡检司，负责这一带的海防和治安。但明朝初年将澎湖列岛的居民撤往大陆，并撤销了行政机构，澎湖逐渐成了"倭寇"的基地，福建、广东沿海的"海寇"也在澎湖、台湾活动。嘉靖年间（1522—1566年），明朝一度收复澎湖，并重新设置行政机构，但不久又撤销了。尽管如此，明朝对澎湖列岛的管辖一直没有放弃。万历三十一年（1603年），荷兰人占领澎湖岛，明朝立即派兵将侵略者赶走。天启二年（1622年），荷兰人第二次占领澎湖，两年后明军又将他们驱逐，并长期驻守，直到明末。

明代有不少大陆人移居台湾,从嘉靖开始,"海寇"林道乾、颜思齐、郑芝龙(郑成功之父)等先后在台湾建立自己的基地。明朝虽未在岛上设立行政区,但明军在追剿"海寇"时不止一次进入台湾,并一直将台湾及附近海面列为军事防区。荷兰人第二次被从澎湖驱逐后,就转入台湾,侵占台南一带。1626年(明天启六年),西班牙人侵占台北一带。当时,郑芝龙在台湾中部的北港一带建有基地,台湾本地部族大多自治。1642年(明崇祯十五年),趁郑芝龙的活动转向大陆之机,荷兰侵略者独占台湾。

郑芝龙降清后,其子郑成功却忠于明朝,继续抗清。1661年(清顺治十八年),郑成功在大陆抗清失败,退到了漳州、泉州、金门、厦门一带。由于在大陆已经无法抵挡清军,郑成功率部众东渡台湾,驱逐荷兰侵略者,"复先人旧业"。郑成功与其子郑经在台湾和澎湖设置三个安抚司和下属的府、州、县,建立了继续忠于明朝的地方政权。

郑成功死后,他的儿子郑经、孙子郑克塽先后继承王位。到郑克塽统治时,即康熙二十二年,清朝任命施琅为大将军平定台湾。清军攻占澎湖,郑克塽投降。施琅本人在郑氏政权和清朝之间有过多次反复,但他在使台湾纳入清朝统治的过程中发挥了特殊作用,使台湾避免了长期脱离中国的可能,减少了因郑氏政权与清朝对峙给中国造成的巨大损失。特别是在清朝收复台湾后,他力排众议,坚决反对放弃台湾,于是才有康熙二十三年隶属于福建省的台湾府的设置。

击败噶尔丹,蒙古归一统

在17世纪初,漠北的喀尔喀蒙古(大致分布在今蒙古国境内)分为三部:土谢图汗、车臣汗和札萨克图汗。康熙二十七年(1688年),三部发生内乱,准噶尔王噶尔丹乘机入侵。三部联合抵抗,但领土仍被噶尔丹侵占,只得南迁漠南(今内蒙古),向清朝求援。康熙二十九年,噶尔丹进扰漠南,康熙帝下令亲征,开始了对噶尔丹的全面反击。清朝对噶尔丹的反击不仅是为了保卫漠南,收复漠北,而且关系到自己的生存。因为当时准噶尔的势力已经非常强大,成为清朝最大的威胁。

准噶尔是瓦剌的一部。瓦剌到清朝时被称为卫拉特,亦作额鲁特、厄鲁特,在17世纪初分为杜尔伯特、准噶尔、土尔扈特、和硕特四部,先后并吞了亦力把里、吉利吉思、哈萨克、叶尔羌、土鲁番诸部。其中和硕特部的固始汗一支,自今新疆乌鲁木齐一带迁至今青海和套西(河套以西,今内蒙古蹬口以西地),于1642年(明崇祯十五年)率军进入西藏,灭了藏巴汗,与五世达赖喇嘛共治西藏。准噶尔部兴起后,强占了和硕特部原有的自今伊犁至乌鲁木齐的牧地,迫使土尔扈特部从塔尔巴哈台附近的雅尔(今哈萨克斯坦塔尔巴哈台以南、阿拉湖以北一带)西迁到额济勒河(今伏尔加河)下游,胁迫杜尔伯特部(原在额尔齐斯河上游)中的辉特部迁往塔尔巴哈台。到17世纪70年代以后,准噶尔部实际上控制了其他三部(土尔扈特部西迁后为辉特部），占有的地域包括今新疆、西藏、青海、四川西部、甘肃西部、内蒙古西部和北部以及境外西起巴尔喀什湖、帕米尔高原，东至蒙古高原的广大范围。康熙二十九年（1690年），清军在乌兰布通（今内蒙古赤峰市西北）大败噶尔丹。次年，康熙帝到多伦抚慰喀尔喀各部，并正式任命各部首领，编制成旗，建立了与内蒙古一致的行政区划。康熙三十五年，康熙帝再次亲征，大破噶尔丹军，收复了蒙古高原，喀尔喀三部回到漠北。至此，内外蒙古完全统一于清朝。

当时，噶尔丹之侄策妄阿拉布坦占有阿尔泰山以西各地，受到噶尔丹压迫的和硕特部青海各部乘机脱离噶尔丹。康熙三十六年，清军继续深入，噶尔丹自杀。康熙三十七年，和硕特部固始汗第十子达什巴图尔降清，青海和套西归入清朝版图。

对西藏主权的确立

在清朝统一蒙古以前，蒙古和西藏的关系已经相当密切。这是由于从16世纪后期开始，喇嘛教已流行于今青海地区，所以在蒙古的阿勒坦汗（1507—1582年）占领青海以后，喇嘛教就传到蒙古人中间。阿勒坦汗迎来宗喀巴的三传弟子索南嘉措（锁南坚错），尊为达赖喇嘛（三世），又将他迎至归化传教。从此，喇嘛教格鲁派（黄教）就在东西蒙古广泛传播。三世达赖去世后，阿勒坦汗的曾孙被认定为转世灵童，立为四世达赖。以后四世达赖派了一位大喇嘛去蒙古主持教务，成为蒙古活佛。1642年（明崇祯十五年，清崇德七年），蒙古和硕特部首领固始汗率军进入西藏，配合五世达赖灭藏巴汗，驱逐了后藏的红教。1645年（清顺治二年），固始汗尊黄教领袖罗桑却吉坚赞为四世班禅（前三世出于追认），驻后藏扎什伦布寺。至此，在宗教上，黄教统一了蒙古和西藏；在政治上，蒙古统一了青藏地区。

由于漠南蒙古早已归属清朝，西藏与清朝的联系也开始于清朝入关之前。固始汗入藏后，就与达赖、班禅共同遣使朝清。顺治四年（1647年），清朝派官员到达西藏，册封班禅为金刚上师。顺治九年，达赖到北京朝见清世祖，次年被册封为"西天大善自在佛所领天下释教普通瓦赤喇怛喇达赖喇嘛"。康熙四十八年（1709年），清朝派侍郎赫寿入藏协助拉藏汗管理地方事务。康熙五十二年，五世班禅被封为"班禅额尔德尼"。西藏政教合一的统治体制得到清朝的正式承认，清朝在西藏的统治也得到确立。

噶尔丹死后，清朝让策妄阿拉布坦领其余众，停止了军事行动。但策妄阿拉布坦乘机扩张，据有杜尔伯特、和硕特和辉特部等各部的统治权，自立为准噶尔汗。康熙五十六年，准噶尔的策零敦多布率六千军队从伊犁经阿里偷袭拉萨，杀拉藏汗，囚禁了拉藏汗所立的达赖。康熙五十七年，清军自青海入藏，但在那曲遭准噶尔军围攻，全军覆没。康熙五十九年，清军从青海和四川分两路入藏，原拉藏汗政权的官员也起兵响应，同年八月消灭了准噶尔军，西藏平定。

雍正六年（1728年），清朝在西藏设置了驻藏办事大臣衙

疆域与人口

门,统率驻藏官兵,督导地方政府——噶厦,规定凡重大行政事务及藏官的任免、藏军的调动等均应由噶厦请示达赖和驻藏大臣办理。在乾隆五十七年(1792年)击退入侵西藏的廓尔喀军后,又在次年制定了《藏内善后章程》,确定了驻藏大臣的地位及其全面督导藏内事务和统一处理涉外事宜的职权,规定达赖、班禅及各地格鲁派大活佛转世时用金瓶掣签(将最后的候选人名字放在一个金瓶中抽签决定)的办法,并必须受大臣监督,自噶伦(噶厦的最高长官)以下的僧俗官员必须由大臣任免。《藏内善后章程》对西藏的官制、军制、司法、财政、边防、差役及对外事宜等都作了明确的规定。

天山南北路归入版图,极盛疆域最终形成

雍正五年(1727年),策妄阿拉布坦死,子噶尔丹策零继位,又不断侵扰哈密、喀尔喀蒙古等地。清军虽多次取得胜利,但一直没有能彻底平定。乾隆十年(1745年)噶尔丹策零死后,准噶尔发生内乱,势力逐渐衰落。乾隆十八年,准噶尔的阿睦尔撒纳袭杀剌麻达尔札,推达瓦齐为汗,车凌乌巴什率部降清。乾隆十九年,乾隆帝决定趁机出兵,以结束数十年未了的战争。阿睦尔撒纳又与达瓦齐相攻,失败后率部降清。次年,清军分两路进兵,不久就进占伊犁,准噶尔部基本平定。但阿睦尔撒纳又发动叛乱,而清军因天寒撤退,阿睦尔撒纳重新控制了准噶尔。乾隆二十二年,清军再次进入伊犁,天山北路从

此纳入清朝疆域。阿睦尔撒纳逃往俄国,不久病死。

原来在准噶尔统治下的回(维吾尔)部首领大小和卓木企图割据。清朝出兵,在乾隆二十四年攻入喀什噶尔(今新疆喀什市)和叶尔羌(今莎车县),大小和卓木逃往巴达克山部被杀。天山南路也告平定,清朝统一中国的大业至此完成。

在此前的康熙二十八年(1689年),清朝与俄国订立了《中俄尼布楚条约》,确定中俄东段的边界是外兴安岭和额尔古纳河。因为当时清朝还没有平定外蒙古,所以中段的界线无法划定。雍正五年(1727年),清朝与俄国签订《中俄布连斯奇界约》和《恰克图条约》,规定了东起额尔古纳河及其支流开拉哩河(今海拉尔河)相交处的阿巴该图,经恰克图(今俄罗斯境内的恰克图及蒙古境内的阿尔丹布拉克),西至沙必乃达巴汉(一作沙宾达巴哈,今俄罗斯西萨彦岭)的边界走向。

从秦始皇灭六国,开疆拓土,建立秦帝国开始,经过近两千年,中国终于形成一个北起萨彦岭、额尔古纳河、外兴安岭,南至南海诸岛,西起巴尔喀什湖、帕米尔高原,东至库页岛,拥有1 300多万平方公里国土的空前统一的国家。

清朝全盛时的疆域分为25个一级政区和内蒙古盟旗:内地分18省,下辖府、州、县、厅,西南几省还保留一些土司土官;盛京、吉林、黑龙江、伊犁、乌里雅苏台(外蒙古)5个将军辖区,或以驻防机构兼理民政,或同时设有民政机构,或保留一些类似土司的当地世袭首领;内蒙古六盟、套西蒙古和察哈尔,下设盟旗,与外蒙古相同,但由中央的理藩院直辖;西宁办事大臣,下辖厄鲁特29旗和玉树等40族土司,前者用蒙古盟旗制,后者

清疆域图（1820年，清嘉庆二十五年）

用西南土司制；西藏办事大臣，统辖卫、藏、喀木和阿里四地区的营、城、呼图克图领地、部族及寺院。尽管在有些政区或地区实行一定程度的自治，如驻藏大臣一般不干预其内部政教合一的制度和事务，土司的土官实行世袭，但涉及国家主权和中央权威的重大事务已经完全由朝廷掌握，如西藏与邻国关系、军队驻防、宗教领袖的继承、内部叛乱的镇压等必须由大臣处理或者上报朝廷决定。这样的统一范围和程度是以往任何朝代从来没有达到过的。

帝国主义入侵使疆域变形

明朝嘉靖三十二年（1553年），葡萄牙人贿通地方官，在壕镜澳（今澳门）登岸建立居留地。至万历元年（1573年），葡萄牙人变贿赂为地租，使澳门成为西方国家在中国的首个租住地。入清后沿明朝旧例，但到道光二十九年（1849年）后葡方拒交地租，并逐走清朝驻澳门的官员。光绪十三年（1887年），中葡签订《中葡北京条约》，允许葡萄牙人"永居管理"澳门。

1840年以后，帝国主义国家侵入中国，用武力迫使清朝政府签订了一系列不平等条约，攫取了中国大片领土，甚至连条件都不签订，凭借实力造成既成事实。

鸦片战争中，英国占领广东广州府新安县的香港岛。道光二十二年（1842年），中英签订《中英南京（江宁）条约》，将香港割让给英国。咸丰十年（1860年）第二次鸦片战争结束时，中英订《中英天津条约》，又以香港对岸的九龙司地方一区割归英属。光绪二十四年（1898年），中英订立《展拓香港界址专条》，次年勘定以深圳河及深圳、大鹏二湾以南及附近海面（九龙新界）租予英国，期限99年。

最贪婪的掠夺者——沙皇俄国

《中俄尼布楚条约》中将两国边界最东段乌第河以南一块列为"待议地区"，没有划定归属，但在俄国势力扩张到远东后，不经过任何谈判就占据了这一地区。咸丰八年（1558年）第二次鸦片战争期间，俄国乘机迫使黑龙江将军奕山签订《中俄瑷珲条约》，强行割去黑龙江北岸大片中国领土，仅规定瑷珲（今黑龙江黑河市）对岸精奇里江以南"江东六十四屯"仍由原住中国人永远居住，归中国政府管理。乌苏里江以东至海则划为中俄共管。清朝政府当时拒绝批准，但在两年后的《中俄北京条约》中被迫确认此条约。《中俄北京条约》还进一步将乌苏里、松阿察二江直到兴凯湖至图们江口一线以东原中国领土划归俄国。第二年勘定边界，绘图立碑。光绪十二年（1886年）重勘，增立、改立界碑多次，中国方面又作了不少让步。光绪二十六年八国联军侵华战争中，俄国占领东北，用烧杀手段驱赶中国居民，强占了江东64屯。

鞑靼海峡东岸的库页岛，本来是吉林三姓副都统辖境，但清朝只接受"纳贡"，从来不加经营，以至在俄国和日本都侵入该岛后还一无所知。道光三十年(1850年),俄国单方面宣布库页岛是俄国领土,签订《中俄北京条约》时,清廷竟置此岛于不顾,还同意规定岛上"土人"不能再过海向清朝纳贡,实际上承认了俄国对该岛的占领。光绪元年(1875年),库页岛完全归入俄国,1905年日俄战争后,以北纬50°以南划归日本。

《中俄北京条约》确定中国外蒙古与俄国的西界"自沙宾达巴哈起至斋桑淖尔",虽然尚未经过勘定,却已将在此线以西北的定边左将军所属乌梁海十佐领及科布多所属阿勒泰淖尔乌梁海二旗划到了中国界外。至同治三年(1864年)中俄签订《中俄勘分西北界约记》(即《塔城条约》),同治八年订立科布多、乌里雅苏台两个界约。光绪九年(1883年),又勘改科布多边界,按《中俄北京条约》划定两国边界。

《中俄北京条约》规定的新疆境内的中俄西界,在斋桑淖尔以下为"又西南至特穆尔图淖尔,又南至浩罕为界",已将原来属于中国的自巴勒喀什(巴尔喀什)湖以东南至特穆尔淖尔之间的土地划归俄国。同治三年(1864年)订立《中俄勘分西北界约记》后,俄国又利用具体查勘的过程驱逐中国的卡伦(哨所),抢占沿边土地。同治九年,俄国官员将他们单方面确定的边界强加给中国,清朝官员只能在俄方界碑的左侧另立中方的界碑。但边界刚划定,俄国就开始了新的侵略步骤。当时,俄国已经在中亚吞并了浩罕和布哈拉汗国,就趁阿古柏在新疆叛乱之机,于同治十年占据了中国的伊犁。光绪三年(1877年),清朝派左宗棠出兵新疆,平定叛乱,要求俄国退出伊犁。俄国以改订《中俄北京条约》的有关条款作为撤军的条件，逼清朝于光绪七年签订了《伊犁改订条约》。根据这两个条约而进行的勘界产生了几个具体的界约，至光绪十年划定了从沙宾达巴哈至乌孜别里山口的中俄边界，二十多年间中国西部共失地50多万平方公里。

在平定阿古柏之乱时，刘锦棠进军帕米尔高原，光绪初曾设置了乌满等8个卡伦。《伊犁改订条约》规定，在乌孜别里山口以南，"中国界线向正南，俄国界线向西南"，明确帕米尔高原属于中国。但从1884年（光绪十年）以后，俄国继续向南扩张，以武力强占了萨雷阔勒岭以西的帕米尔地区。英国也通过其保护国阿富汗侵入帕米尔。1895年（光绪二十一年），英俄两国趁中国在甲午战争中失败之机，私自在伦敦订约，瓜分了帕米尔的大部分，中国只剩下今塔什库尔干县。

侵占中国领土的还有其他列强，英国、法国、日本在它们维持殖民统治的印度、缅甸、越南、朝鲜等国与中国的边界用各种手段侵占中国的领土：

图们江源处的中朝边界，光绪九年（1883年）至十三年曾经双方交涉勘查，未得结论。甲午战争后日本取得朝鲜的外交权，双方于宣统元年（1909年）确定以石乙水为图们江源，两国以此为界。

拉达克本来是西藏阿里的一部分，大约在道光二十年（1840年）为克什米尔所占。道光二十六年英国吞并克什米尔，拉达克随即被并入英属克什米尔。光绪十六年（1890年），英国通过"藏印条约"规定哲孟雄与西藏间的边界，夺取了西藏

九、统一中国疆域的最终形成：清朝时期

春丕以南地区。

光绪十一年（1885年）法国吞并越南，次年英国吞并缅甸，此后英法两国与中国多次交涉，划定缅甸、越南与中国的边界，结果云南西部的茶山、麻栗坝等地，铁壁、虎踞、天马、汉龙等关划归英属缅甸，南部的乌得、孟乌二土司划入法属交趾支那（今老挝）。

此外，甲午战争失败后，中国被迫签订《马关条约》，台湾和澎湖于光绪二十一年（1895年）割让日本，直到1945年抗日战争胜利后才由中国收回。

1921年，外蒙古宣布独立，于1924年成立蒙古人民共和国，中国政府未予承认。第二次世界大战后期，迫于苏联和美国的压力，为争取苏联对日宣战出兵东北，蒋介石曾承认外蒙古独立。中华人民共和国成立后，与蒙古人民共和国建立外交关系。

十、推动中国疆域形成与稳定的因素

中国能够在两千多年前就形成广阔的疆域,中国的疆域能够稳定地延续下来,统一的中国疆域最终出现在18世纪中叶并且由清朝实现,这些都不是偶然的,需要各方面的很多条件。但最主要的原因还是:中国各族人民为祖国的统一而进行了长期的共同努力;中国的传统文化发挥了巨大的积极作用;中国人民在特定的地理环境下大力开发经济,发展生产;历代统治者,尤其是清朝前期的统治者顺应历史潮流,实行了正确的政策。同样,近代中国大片国土的沦丧,固然有其外部原因,但国力的衰落和政府腐败是决定因素。

各族人民的共同奋斗

在中国疆域形成的过程中,汉族作出了主要的贡献。这不仅是因为汉族人口众多,经济和文化相对先进,而且在于汉族最早建立了统一政权,为中国的疆域奠定了基础。

中国第一个统一的中原王朝——秦朝,就是以汉族的前身华夏诸族为主建立的。尽管秦朝存在的时间很短,但经过汉朝近400年的巩固,中原王朝的疆域已经基本定型。从秦朝至清朝这两千余年间,虽然中原王朝的疆域时有盈缩,但它们的主体部分——北起阴山、燕山、辽河下游,南至两广,西起陇东、四川盆地,东至于海——是相当稳定的。即使这一部分分裂成几个政权,它们之间在政治、经济、文化各方面也没有什么差异,并且都认同"中国"的概念,一般都将自己视为"中国"的代表或一部分,因此不久又会重归统一。根本的原因就在于这一范围内的人口中,汉族占了绝大多数。汉族在长期共同的生产和生活中形成了共同的文化和民族心态,经过儒家学说的总结提高,升华为一种统一的观念。由于汉族地区优越的自然条件和汉族人民的辛勤劳动,这一主体部分从秦汉以来一直是东亚大陆经济和文化最发达的地区,对其他政权和民族具有极大的吸引力。这固然也导致了其他民族的入侵,但更促进了民族之间的融合。由于这一部分在经济和文化方面的巨大优势,尽管它不止一次成为非汉族的统治区,但军事上的征服者一次次成为经济和文化上的被征服者,甚至征服者的整个民族也被融合在汉族之中了。要是没有这一主体部分的存在,或者这一部分的人口数量、经济和文化力量不足以影响并融合其他民族,那么,在东晋十六国、南北朝、五代十国、辽金宋那样的分裂以后就不可能再恢复统一的局面。而事实上,这样的统一不仅恢复了,而且统一的范围越来越大,持续的时间越来越长。而在世界上其他地区,一次异族或"蛮族"人入侵往往就造成一种文明的消失,或者将文明社会一下子推回到野蛮黑暗的年代,几百年都无法恢复。

另一方面,汉族以外的民族同样为中国的统一疆域的形成作出了不可替代的贡献。

首先,清朝极盛时期的中国疆域和今天中国的领土中,大部分是边疆地区,而中国的边疆最早是由非汉民族开发经营的,在这些地区归属于中原王朝或者成为中国的一部分之前,一般都已经有了一定的经济文化基础和一定数量的人口,建立了自己的政权或者结成了政治实体。对这一点,当时的中原王朝或汉族政权都是承认的,在它们的记载中,那些边疆地区的政权、政治实体或自治的部落被称为"君长"、"王"、"国"。百越民族对于岭南、东南沿海地区和山区的开发,巴、蜀、"西南夷"、蛮、僚、俚、僰等族对西南的开发,肃慎、夫余、东胡、挹娄、鲜卑、乌桓(丸)、靺鞨、高丽、奚、契丹、女真、满等对东北的开发,匈奴、鲜卑、丁零、突厥、回鹘、党项、蒙古、回、维吾尔等民族对西北的开发,羌、吐谷浑、吐蕃(藏)等民族对青藏高原的开发,高山族(台湾"原住民")对台湾岛的开发,都是这些地区最终成为中国疆域一部分的前提和基础。由于边疆地区自然条件不如中原,一般都有地势高寒,地形崎岖,气候炎热或寒冷、潮湿或干旱,土地贫瘠,植被过于茂密,疾病流行,交通运输不便等不易克服的困难,所以在开发过程中尤其需要付出巨大的代价,进行艰苦卓绝的奋斗。

这些民族还在创造适应当地具体条件的物质文明的同时，产生了适应当地条件的精神文明和制度文明。当边疆地区成为中国的一部分，当这些非汉民族加入到中华民族的大家庭中，这些文化就成为中华文明的一部分，形成中国文化多元多彩的特点。华夏诸族创造的农业文明尽管相对先进，并不等于说牧业文明没有可取之处，实际上华夏诸族在发展的过程中一直在学习牧业文明的先进部分。例如，华夏的先民习惯于席地而坐，但游牧民族平时骑马，不喜欢盘膝而坐，下坐时会放一个马扎或小凳，坐得比较舒服。在与游牧民族的交往中，汉人模仿他们的坐具，称为"胡床"，以后演变为各种凳子、椅子。直到春秋时期，中原各诸侯国都将兵车作为主要的作战手段，用马拉车，将士站在车上作战，步兵只作辅助。将士的军服也是"上衣下裳"（上身与下身的衣服相连，下身相当于裙子）。战国时，赵武灵王考察了北方胡人的作战方式，决定实施改革，推行"胡服骑射"，即取消兵车，改为骑兵，加强射箭的力量，同时改穿紧身窄袖、便于作战的"胡服"。

华夏诸族（汉族）创立的中央集权制度适应了农业民族的需要，但未必适用于牧业民族、采集或狩猎民族。但边疆民族在自己建立的政权中创造了不少适合于边疆地区、牧业区的制度，成功地解决了这一矛盾。随着边疆地区归于一统，这些制度也为中央政府所采用。自秦汉以来，历代都在边疆或少数民族地区实行特殊政策，一般都包括沿用部分既定制度。例如，不少中原王朝都曾占据过蒙古高原，但面对迁徙无常的游牧民族往往束手无策，无法将中原的行政区划推广到那里。但清朝统一内外蒙古后，就根据蒙古长期形成的习俗，建立了盟旗制度，成功地解决了游牧民族聚居区的行政管理难题，沿用至今。

儒家的大一统学说虽然有其积极作用，但也有其消极的一面，那就是只注重汉族农业区，忽视周围的牧业区和未开发地区，把统一的范围局限于中原王朝和汉族地区。所以历史上一些武功赫赫的汉族君主，尽管多次进入蒙古高原，却满足于凭借"天之所以限胡汉"（老天爷用来隔离胡人与汉人）的长城为界。实力很强的汉族政权都没有将农业区和牧业区长期统一起来，相反，中国历史上的三次大统一都是由来自北方的牧业民族直接或间接完成的。东汉开始的北方民族的南下虽然引起了几百年的分裂和战争，但正是以非汉族的统治为基础的北方政权最终实现了南北统一。崛起于蒙古高原的元朝和发祥于长白山的清朝都是以北方民族为基础，进而统一南方汉族地区的。

生产力的发展推动统一

任何一个政权或部族对疆域的最基本的要求，就是为了保证自己的生存。因此，在已经形成了一定的生产方式以后，无不以各自的生产需要作为选择或取舍的标准。汉族很早就成为单一的农业民族，汉族建立的中原王朝无不以农为本，以农立国，也就是以能否适应农业生产作为开疆拓土的前提。中原王朝的主体部分就是一个最适宜的农业区。而在这一区域之外，在生产水平比较落后的条件下，一般还难以开发。例如这一区域的北界并没有明显的地理障碍，但寒冷和干旱的气候却限制了农业的开发，所以即使在北方的游牧民族退却的阶段，中原王朝的正式政区也很少越过这一界限。汉族移民的主要流向是南方，直到南方人口相对饱和以后，才不得不转向东北、台湾等地和海外。

牧业民族对地理环境的要求较低，往往满足于游牧生活，只要能从中原获得茶叶、纺织品和金属工具等必需品就会年复一年地"逐水草而居"。即使进入了农业地区，牧业民族也不会自觉改变生产方式，这就是为什么元朝初年会有人向皇帝建议将汉人统统赶走，将他们的耕地全部辟为牧地。

人口数量也是对疆域范围的一项重要制约因素。人口太少，就没有必要，也不可能扩大疆域。即使一时扩大了，也无法维持下去。西汉时的人口大约有6 000多万，在其正式行政区（不含西域都护府辖区）内的人口密度每平方公里不足14人。在自己的疆域内还有大片处女地的情况下，扩大农业生产或获得经济利益就不能成为对外用兵的正当理由。非汉族政权在进入中原地区后，都避免不了本民族人口太少的矛盾。清朝入关以后，举族内迁，东北几乎成为无人区。本族既无起码的人口加以经营，又不许汉人开垦，就只能采取划为禁区的愚蠢政策，结果使俄国侵略者轻而易举地攫取了中国大片土地。但是人口的增长必须以生产的发展为前提，在中国这样一个历来自给自足的地域范围内,如果不能生产出足够的粮食和生活必需品,人口数量就无法维持,更不会增加。19世纪中叶中国的4亿多人口就是完全由本国疆域内生产的食物和生活必需品供养的。

随着生产的发展,人口不断增加,传统的农业区已经无法满足开垦的需求了。另一方面,由于技术的进步,宜农的范围也越来越大,由平原、河谷扩展到丘陵山区,由温带推进到寒温带、热带。对于解决了温饱的人们来说,他们对产于边疆的皮毛、药材、土特产等有了更大的需求。近代工业兴起以后,内地对边疆的木材、燃料、矿产和其他资源的依赖程度越来越大。在发展生产的过程中,牧区和边疆的人民也意识到了自身的局限,逐步开发适宜本地的农业和副业。他们对内地的需求不再仅仅是茶叶、布匹,而是更广泛的生产和生活用品,是技术、知识和文化。总之,逐渐形成了内地离不开边疆,边疆离不开内地,汉族与少数民族互相支持、互相依靠的关系。如果说在古代,农牧界线和内地边疆的畛域只能靠武力才能暂时打破的话,那么在近代,生产的发展和由此产生的经济合作、文化交流已经足以取代并且超过武力的作用了。

顺应历史潮流的政策巩固了中国疆域

在清朝以前,中原王朝也曾经拥有过包括农业区、牧业区在内的地域,统治过由汉族和其他民族共同组成的国民。但是它们的疆域往往不能持久,更难以巩固。由汉族统治者建立的中原王朝大多无法有效地控制边疆地区,像唐朝这样强大的帝国,极盛疆域也维持不了几年。而非汉族以武力进入中原又会对农业经济造成极大的破坏,像蒙古(元朝)征服黄河流域、长江流域的过程就是一场大屠杀和大破坏的悲剧,以至整个元代都难以偿付统一的惨重代价。

但是清朝统治者采取了一些顺应历史潮流的政策,减少了统一过程的负面效应,也使统一的疆域得到了巩固。

首先,清朝及时调整了对汉族的政策,使自己成功地统治了发达的农业地区,也使中国疆域的主要部分迅速得到恢复和发展,成为扩大统一范围的基础。清朝取消了明朝后期的苛捐杂税,改革了赋税制度,在一定程度上减轻了农民的负担;并采取了一系列争取汉族士人效忠的措施,使清朝被大多数知识分子接受为明朝的合法继承人。在清朝的政权确立之后,除了满族的地位大大提高,满族文化的影响有所扩大以外,中国的传统制度和文化几乎原封不动地延续下来。社会的稳定和经济的发展使清朝在与准噶尔的长期战争中有了可靠的后方和强大的实力。

其次,清朝对少数民族实行了符合实际的切实可行的政策。这当然与清朝统治者本身出自少数民族,因而对以往汉族统治者的歧视政策有切身体会有关,但更主要的是他们吸取了历史上的经验教训的结果。清以前各朝对边疆和少数民族聚居地区实行统治的方式,一是扩大正式行政区域的范围,即与内地汉人地区一样设置郡县府州,一是设立都护、都司等军事机构控制下的羁縻单位。但前者不适应牧业民族和人口稀少地区,强行设置既会招致当地人民的不满,也使朝廷背上沉重的财政包袱,难以长期维持;后者过多地依赖军事力量,行政系统形同虚设,一旦军队撤退或优势丧失,控制权也就随之取消。清朝在东北、内蒙古、青海、新疆和西藏设置了不同形式的政区,比较成功地解决了这一难题。以蒙古为例,清朝建立的盟旗制度就是一项有代表性的创举。它既适合蒙古族以游牧为主,流动性大,人口稀少的特点,又加强了朝廷对盟、旗各级的控制。从蒙古归入清朝的版图以后,蒙古地区一直保持着稳定,还为清朝提供了精锐的军队,这项制度的实施是一个重要原因。尽管从根本上说,清朝的统治无法摆脱民族压迫和民族歧视,但清朝对少数民族的优待,特别是对各少数民族上层人士的优待,对疆域的巩固与稳定起了很大的作用。

清朝统一的过程中,虽然也免不了军事征伐和武力镇压,但并不是以军事作为唯一的手段,而往往采用更有效的其他措施。如在西藏,清朝就充分发挥了宗教的力量,继续扶持黄教,建立政教合一的体制,通过册封达赖喇嘛、班禅额尔德尼,监督和确认他们的继承过程,清朝实际上取得了西藏的最高主权。在平定各边疆地区的过程中,尽量采取"招抚"的办法,避免双方生命财产的损失,为统一后的稳定和治理创造了有利条件。在边界的确定上,并非一味追求领土的扩张,而是根据历史和现状寻求合理的解决。例如,康熙年间在与俄国谈判北部边界时，并未因为军事上的胜利而提出领土要求，而是作了适当让步，没有坚持完全收回被俄国占据的中国领土，同意以额尔古纳河为界，将尼布楚（今俄罗斯涅尔琴斯克）及石勒喀河、额尔古纳河之间地划入俄国，使双方终于达成协议，签订了《尼布楚条约》。在清朝军队平定天山南路以后，中亚的巴达克山、霍罕（浩罕）、布鲁特等纷纷要求归附，但清朝未予接受，并且在边境立碑规定了边界线。雍正时划定外蒙古与俄国之间边界时也同样如此。

落后腐败导致国土沦丧

19世纪后半期，面对着完成了产业革命，急于向外扩张的帝国主义列强，中国依然停留在没落的专制社会，依靠小农经济供养着4亿多人口。在侵略者面前，尽管中国人民英勇顽强，不惜牺牲，但血肉之躯和原始的武器毕竟敌不了洋枪洋炮。落后使中国蒙受了生命财产的巨大损失，也丧失了大片领土。但落后并不是失地的唯一或最主要的原因。很多领土的丧失只能归结于清朝政府的腐败。

在清朝的前期和中期，统治者不乏明智的领土政策，但他们始终以天朝大国自居，陶醉于接受"四裔"的称臣纳贡，根本不了解，也不愿意了解世界，更不了解帝国主义国家的真实意图。儒家的统一观本来就有它的局限性，无法适应近代世界的形势，面对帝国主义的侵略还死抱着"溥（普）天之下，莫非王土"的幻想和"华夷之辨"(汉族与其他民族、中国人与外国人有本质区别,前者优于后者,不能混淆)的教条,其结果当然只能是一次又一次的失败。

例如,乾隆年间,俄国人和日本人就已经侵入库页岛,开矿、捕鱼、建教堂,争夺了多年。作为主人的清朝政府一无所知,因为岛上的"土夷"照旧每年过海到三姓衙门(在今黑龙江依兰县)纳贡。到道光三十年(1850年),俄国单方面宣布库页岛是俄国领土,清朝还是不闻不问,因为土人的贡品并没有断绝。等到岛上的土人不再进贡,领土被占已成事实,无可挽回了。

康熙二十八年(1689年)《中俄尼布楚条约》签订后,俄国势力不断向东扩张,大批移民进入远东,19世纪前期已经越过外兴安岭,到达中国黑龙江以北、乌苏里江以东地区。但就在《尼布楚条约》签订以后,清朝却重申并加强了在东北"封禁"的命令,使黑龙江和吉林两个将军辖区内长期人烟稀少,兵力不足,很多地方甚至还是无人区。因而在《中俄瑷珲条约》和《中俄北京条约》签订以前,中国领土被俄国侵占已是既成事实。至于因为君主和大臣的卖国求荣、愚昧无知造成中国领土损失的事例就更难一一列举。

到目前为止,通过平等友好的谈判,中国与除印度以外的全部邻国解决了历史遗留下来的边界问题。与印度的谈判也在进行之中。同时也以强大的国防粉碎了敌对势力的入侵和挑衅,维护了国家的尊严和领土的完整。香港与澳门已分别在

1997年和1999年回归祖国。我国政府多次声明：南海诸岛和钓鱼岛、黄尾屿、赤尾屿等岛屿都是中国领土，绝不允许他人侵犯。中国人民为维护包括台湾省在内的国家统一和领土完整而共同奋斗，一定能够完成这一神圣的历史使命。

疆域与人口

13亿中国人的来历——人口与民族

如果说,祖国辽阔的疆域是一个恢宏的大舞台的话,在舞台上演出历史的就是我们的祖先——中华民族的先民。

在中国这块土地上,早就有人类生存,元谋人、蓝田人、北京人、和县人等都可以追溯到数十万年至一二百万年之前。但近年来,科学家从遗传基因的研究得出的结论是,今天的中国人是约10万年前由非洲迁来的。也有科学家提出了相反的证据,认为至少有一部分中国人是由本地的古人类繁衍下来的。要得出一致的结论或许为时过早,但无论最早的中国人来自何方,有一点是确凿无疑的——他们在这块土地上生存、繁衍和发展已经近10万年了。

对中国早期的人类,我们还了解得很少,一般只能通过考古发现和古人类的方法加以研究。在文字记载出现之前,我们无法了解他们怎样自称,只能根据遗址或遗物发现的地点命名他们或他们的文化类型，如马坝人（发现于广东韶关马坝乡）、长阳人（发现于湖北长阳）、丁村人（发现于山西襄汾丁村）、河套人（发现于内蒙古乌审旗萨拉乌苏河）、左镇人（发现于台湾台南左镇乡）等，或良渚文化、河姆渡文化、裴李岗文化、磁山文化、仰韶文化、大汶口文化、龙山文化等。迄今为止的考古发现已可证实，近一万年来，中国大多数地方已有了人类居住，新石器时代的遗址已经遍布各地，包括青藏高原、新疆、蒙古高原、东北、岭南、台湾等岛屿，这表明先民的分布范围已经很广。正是在过去这数千年间，中国人口逐渐增加到13亿。

但要了解中国人口数量变化的过程并不容易，因为在进行全国性的现代人口普查之前，对人口数量的估计只能依靠户籍调查的结果。

中国的户口调查估计开始于商代（约公元前16世纪—前11世纪），至秦朝（前221—前206年）已完成全国性的户口调查，但现存最早的一项全国性和分政区户口统计数为西汉元始二年（公元2年），此前只留下零星的地区性数字。由于两千年来人为和自然的破坏，早期的户口数据已经很少遗存，即使明清以来，也缺乏年代和地区都完整的数据。而且由于清康熙五十一年（1712年）以前的户口登记主要是出于赋役的需要，调查的重点是承担赋役的人口，与实际人口有很大的差距。加上行政制度的低效率和物质条件的限制，户口数往往不能代表真正的人口数。历代中原王朝的户口调查一般只限于设置正式行政区的范围，基本不包括边疆和少数民族地区。

清光绪三十四年（1908年）实施了第一次全国人口普查,民国期间也作过多次人口调查,但直到1953年全国人口普查,中国才通过科学的普查获得了除台湾、港澳地区以外的准确人口数字。

一、历史时期的人口数量

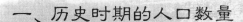

由于生产力低下,天灾人祸不绝,中国早期的人口增长缓慢,并经常出现大规模的损失。例如在战国后期,各国间的战争频繁而残酷,一次死亡数十万人的战争屡见不鲜。公元前221年秦始皇统一时,秦朝的人口估计至少有3 000多万。但由于秦始皇大规模征发兵役、劳役,用于建造宫殿、陵墓,修筑长城、驰道,驻守边疆,还得动用更多的人口运输粮食和物资,直接和间接的人口损失很大。秦汉之际的连年战乱和饥荒更使人口锐减,到西汉初大约只剩下1 500万—1 800万。经过数十年的恢复,在汉武帝时人口一度超过秦朝。但汉武帝连年征发人口用于建造大型工程、巡游求仙、对匈奴的战争、开疆拓土,加上天灾频繁,造成人口大幅度下降。宣帝时逐渐恢复,以后缓慢增长,至西汉末的公元2年增加到6 000多万,成为中国人口史上新的高峰。王莽时和东汉初的战乱使总人口下降至

3 500万左右,到东汉后期的永寿三年(157年)稍后才重新突破6 000万。但东汉后期增长缓慢甚至停滞,仅南方有较大幅度的增加。

从184年黄巾起义爆发至220年三国鼎立形成,人口损失估计达60%,仅存约2 300万。4世纪初的西晋约有3 500万,但此后南北分裂,北方进入十六国时代,人口多次出现大幅度下降,直到隋朝重新统一后的大业五年(609年)才恢复到6 000万左右。

隋末唐初的人口降幅超过50%,唐初仅2 500万,至安史之乱前夕的755年突破8 000万,达到新高峰。唐后期和五代的战乱导致人口锐减,到960年宋朝初建时估计只有4 000万。由于疆域缩小,其境内仅3 000万左右。

北宋期间人口持续增长,大观四年(1100年)境内人口超过1亿,辽(金)、西夏、大理等政权的人口合计也在1 000万以上。两宋之际的战乱使人口大幅度下降,但此后南宋和金的人口都有增长,至13世纪初,宋、金、西夏、大理及其他少数民族人口合计已超过1.2亿,成为中国人口史上第三个高峰。蒙古灭金和西夏造成空前浩劫,北方人口损失高达80%,仅剩1 000余万。元统一时实际人口约有7 000万,14世纪中期增加到8 500万左右。

明初的人口不足6 000万,到17世纪初已突破2亿。但明末的天灾人祸和清初的残酷战争使人口降幅达40%,清顺治十二年(1655年)估计已降至1.2亿。康熙三十九年(1700年)恢复至1.5亿,以后很快破2亿大关,至道光三十年(1850年)

创造了4.3亿的新纪录。太平天国起义和清朝的镇压导致南方人口稠密地区的巨大损失,人口下降超过1亿(较低的估计也有五六千万),以至于1912年尚未恢复到1850年的水平。据1909—1911年进行的全国性人口调查数字和后人的分析研究,1911年全国(除外蒙古和台湾外)的总人口约3.7亿。1953年的普查结果为5.83亿(不含台湾、港澳)。

新中国成立后,中国人口迅速增长,年平均增长率持续高于20‰,一度逼近30‰,人口总量在1973年攀升至8.9亿。从1973年开始,人口增长速度趋缓,但次年还是越过9亿大关,并在1981年突破10亿。2005年1月6日零时2分,中国第13亿人在北京诞生,这是中国史上的大事,也是世界史上重要的一页。

二、中国人口在世界人口中的比例

中国的人口数量在世界人口总数中一直占有很高的百分比,见下表:

公元年代	世界人口[①]		中国人口[②]估计数	中国人口占世界人口的比例
	最高估计数	最低估计数		
1	3.27亿	1.70亿	0.60亿	18.35%—35.29%
200	2.56亿	1.90亿	0.25亿	9.77%—13.16%
600	2.06亿	2.00亿	0.55亿	26.70%—27.50%
700	2.07亿		0.58亿	27.05%
1100	3.20亿	3.01亿	1.00亿	31.25%—33.22%
1200	4.00亿	3.48亿	1.10亿	27.50%—31.61%
1400	3.74亿	3.50亿	0.75亿	20.05%—21.43%
1600	5.79亿	5.45亿	2.00亿	34.54%—36.70%

续表

公元年代	世界人口[①]		中国人口[②]估计数	中国人口占世界人口的比例
	最高估计数	最低估计数		
1700	6.79亿	6.10亿	1.50亿	22.09%—24.59%
1800	11.24亿	8.14亿	3.40亿	30.25%—41.77%
1850	14.01亿	10.91亿	4.30亿	30.69%—39.41%
1900	17.62亿	15.50亿	4.00亿	22.70%—25.81%

注：① 历史时期的世界人口数并无精确统一的统计数据，目前采用的都是各家的估计。潘纪一、朱国宏所著《世界人口通论》（中国人口出版社，1991年）收集的有：刘洪康《人口手册》（1978年），麦克伊夫迪和琼斯《世界人口历史地图册》（1978年），瓦连捷伊等《马克思主义人口理论》（1974年），贝内特《大英百科全书》，乌尔拉尼斯《世界各国人口手册》（1978年），布鲁克《世界人口》（1981年），马尔库宗《马克思主义人口理论》（1974年），联合国《人口年鉴》（1970年），卡尔·桑德斯《世界人口》（1936年），威尔柯克斯《美国人口统计研究》（1940年，南亮三郎《人口思想史》（1972年），库尔斯《人口地理学导论》（1980年），宋健《人口控制论》（1985年），梅里克《世界人口转变》（1989年），刘铮《人口学辞典》（1986年），杜兰德《世界人口估计：1750—2000》（1967年）。本表即取这些数据中的最高和最低估计数。

② 据葛剑雄《中国人口发展史》，福建人民出版社，1990年。一些年份原书无现成数据，则由作者作了推算。

由于历史时期的世界人口数量在很大程度上也是估计的结果，最高估计与最低估计间有很大差距。但除了东汉末年正处于人口低谷，因而所占比例可能略低于10%以外，其余阶段基本都在20%以上，一般在30%左右。

从公元初开始，中国的人口始终居世界第一，最多时占世界总人口的35%，一般都占25%以上。能够长期保持这样的记录，证明中国拥有发达的农业和勤劳的人民，足以生产供养庞大人口的粮食和物资；具有相对先进的医药技术和公共卫生系统，使民众能够抗病养生；也证明中国形成了维持社会秩序和治安、管理上亿人口的行政体制。中国能够为世界作出巨大贡献，能够延续数千年而不致解体、分裂、灭绝，中国文化会成为世界上唯一没有断裂的古代文明，一个重要的因素是众多的人口。直到近代，人口也还是中国抵御外国侵略的优势之一。所以中国的人口能达到13亿，是历史发展的产物，也是中国经济、政治、文化、社会发展的必然结果。

但这一天已经被成功地推迟了4年，这证明中国已经基本完成了一次重大的人口增长方式的转变。

世界上所有的民族和人口的增长和发展，都经历过几个相同的阶段，即低出生—高死亡—低增长，高出生—高死亡—低增长，高出生—低死亡—高增长，低出生—低死亡—低增长。在工业化以前，世界各国的人口都处于前两个阶段，人口增长率都很低。今天的西方发达国家，当年也无不苦于人口不足，遇天灾人祸时也动辄人口减半，一般家庭唯恐断子绝孙，连贵族富豪也难例外。很多家庭给几个孩子用同一个名字，因为只要其中有一个能长大成人就是上上大吉。而在工业化以后，这些国家的人口也经历了高出生—低死亡—高增长的阶段，花了一二百年甚至更长的时间才过渡到低出生—低死亡—低增长的阶段。而在中国，这一转变是在短短的二三十年间完成的。这当然使中国人口付出了一定的代价，如有一二代人不得不执行严格的计划生育，这一二代孩子不能享受兄弟姐妹的情感，老龄化速度由此加快，有些地方还出现过强制手段。但这是不得已的,当时中国已经没有更好的选择,要是没有这一转变,中国的损失将会更大,这一二代人更不堪重负,中国就不可能有今天这样的成就和国际地位。

对中国来说,适度控制人口数量还有更重大的意义。因为世界上没有哪一块土地曾经供养过如此多的人口,经历过如此多的破坏。而在世界的大国中,没有哪个国家有如此高的比较人口密度,如此低的人均耕地和资源。一百多年前,被称为"中国马尔萨斯"的汪士铎面对4亿多人口,曾发出绝望的惊呼:"人多之害,山顶已植黍稷,江中已有洲田,川中已辟老林,苗洞已开深菁,犹不足养,天地之力穷矣!"尽管科学技术和生产力的进步超出了汪士铎的想象,今天的13亿中国人过着汪氏当初无法预见的生活,但中国的确面临着资源和环境的危机。正是由于有效地控制了人口增长,才使庞大的中国人口有了一个喘息的机会,才使中国赢得了宝贵的时间,才使我们今天能够比较从容地规划未来。

三、人口增长的特点

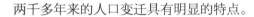

两千多年来的人口变迁具有明显的特点。

增长缓慢

从公元2年的6 000万增加到1850年的4.3亿,总数仅增长了7倍,年平均增长率仅约1%。

"大起大落"

某些时期的持续增长和某些年代的急剧下降交替出现。如西汉前期、8世纪前期的唐朝、11世纪的北宋、18世纪的清朝,数十年至百余年间人口的年平均增长率可以达到7‰—10‰。其中的恢复阶段还可能出现更高的年平均增长率。而在人口锐减时，一二十年间可以形成高达50%以上的降幅，每年的负增长率可以高达50‰—100‰。但早期的"大落"持续时间长、降幅大、周期短，后期则持续时间较短、降幅较小、间隔较长。

发展的阶段性

第一阶段，自商、周至公元初达到6 000万。第二阶段，自东汉至8世纪中叶的盛唐，增加到8 000多万。第三阶段，从中唐经五代，至北宋期间的12世纪初突破1亿，至13世纪初达到1.2亿。第四阶段，从宋末元初至17世纪初的明代，总数超过2亿。第五阶段，明末清初的人口下降在17世纪初得到恢复，至19世纪中叶达到4.3亿的新高峰。第六阶段，经过近百年的下降和低增长后，从20世纪50年代开始出现高速增长，70年代后虽速度减缓，至2005年仍突破了13亿大关。在第二、三阶段，人口总数翻一番的时间为1300年，第四阶段为500年，第五阶段不到250年，而第六阶段只有40年。

人口增长的阶级不平衡性

由于享有政治、经济、文化的特权和更好的生活条件，统治阶层和富裕阶层（在农业社会中主要是官僚和地主阶级）的人口总是以比农民和全部人口更高的速度增长，因而在总人口中的比例会随着王朝的延续而越来越高。

人口增长的民族不平衡性

主要表现在汉族和农业民族的增长一般高于非汉族和游牧民族，因而汉族和农业民族在总人口中的比例越来越高。汉族以外的民族之间也存在着增长的不平衡。

四、影响中国人口增长的主要因素

自然地理环境

中国的大部分处于北温带,西部有高原阻隔,东南面临太平洋,受季风影响,气候温和,雨量充沛。最近二三千年来的气温虽然有过多次升降,但年平均气温的变化幅度不超过正负摄氏2度。东部的第一梯级有广阔的平原和众多的河流,土地肥沃疏松,水源丰富,容纳了中国的大部分人口,早就形成了人口相当稠密的地区。中部的第二梯级也有相当数量的盆地和河谷平原,形成良好的开发条件。因而在明清以前相当长的时期,就整体而言,并不存在耕地不足或自然资源枯竭的威胁。直到19世纪中叶,尽管耕地开垦殆尽,人口已接近相对饱和,中国的4亿多人口还是完全依靠国内生产的粮食供养的。

但平原、河谷等适宜农耕的地区占总面积的比例较低,可耕地有限。在人口压力增加时，不得不开垦坡地和丘陵，甚至高山陡坡，破坏原始植被，造成水土流失。黄土高原面积大，易冲蚀，使黄河泥沙量大，泛滥改道频繁。由于耕地有限，一些开发时间早、发达程度高的地区较早出现了人口相对饱和的现象，土地问题早就成为中国社会动乱的根源之一。季风气候常常造成降水不均匀、不适时，形成水旱灾害。历史上小范围的灾害几乎年年出现，大范围的、持续的水旱灾害也相当频繁，每次都造成人口损失和物质财富的破坏，其中持续的旱灾对人口的影响最大。

中国的天然资源虽然不算缺乏，但与庞大的人口总数相比就显得并不丰富，人均占有量早已属世界中下水平，只是在农业社会中矛盾还不突出而已。由于中国累计供养过的人口总数大大超过世界其他地区，像木材、铜、锡、铁、银等物资的消耗量也大大超过其他地区。

农业生产

中国的粮食历来自给，输入和输出可以忽略不计。粮食的储存时间不能过长，所以难以进行长期调节。另一方面，一定的人口在单位时间内消耗的粮食数量也是稳定的，因此粮食产量与人口数量存在着直接的关系。

原始农业生产工具简单，除了种子、劳动力以外几乎不需要更多的投资，在耕地充裕的条件下可以不断扩大。粮食的增产必然促使人口增殖,而人力的增加又反过来促进农业生产的发展。但这种循环终将导致耕地不足,结果是残存的牧业收缩以至最后被消灭,土地开发的条件会越来越差,由平原、河谷转入丘陵地带和山区,还大量围垦湖泊江河。盲目开垦造成严重的水土流失,导致江河淤塞,宣泄和调节能力下降,以至旱涝频繁,得不偿失。

尽管农业生产不是人口增长的唯一原因,但中国人口史上几次大的突破都是粮食增产的直接结果。天灾、动乱、战争等因素可以破坏农业生产,从而推迟人口高峰的到来,但任何人口奇迹的出现只能建立在农业生产大发展的基础之上。

战争

战争对人口最明显的影响是直接杀伤,造成人员的死亡或残疾。古代一些战争的规模很大,死伤人口很多,持续不断的战争更是如此。士兵的主要来源是农民,青壮年从军,老弱妇孺下田,加上畜力往往被征用,农业生产必定受到影响。士兵从粮食的生产者变为消耗者,使本来就有限的商品粮更加紧张。战场或军队的驻地往往离粮食产地很远,需要大量人力、畜力从事运输,有时沿途的消耗比运达数量要高好几倍。军人和运粮民工大多是青壮年男子,他们长期离家必然会使配偶减少生育机会,同时使他们的老人、儿童家属因缺少赡养而缩短寿命甚至死亡。战争造成的物质破坏,会对农业生产、交通运输、河道水系和生态环境带来长期影响。战争期间对死亡人畜不能及时掩埋，往往会引起瘟疫流行，增加新的死亡。战争期间如果同时发生自然灾害，后果就更不堪设想。由于行政机构解体、交通受阻、缺乏必要的物资和人力以及统治者无暇旁顾等原因，灾民得不到及时和有效的救济，灾情得不到及时的控制，造成比平时严重得多的损失。而在缺粮的条件下，俘虏和平民生存的希望更小。

政治制度

统治者在主观上无不希望鼓励、促进人口增加，并制定了相应的法令和政策。但出于维持统治和满足私欲的需要，他们的另一些措施却对人口的增长起着消极作用。

历代统治者在法令和政策方面采取的主要措施，有鼓励早婚，限制及惩处晚婚；在赋役上对生育者或多子女家庭给予优待；安置流亡，促使流民定居；优待老人；禁止杀婴等。但从皇帝到大小官僚的普遍多妻，使不少男性平民找不到配偶，更谈不上早婚。赋税制度的一些规定更直接影响人口的增长，如从婴幼儿起征收人头税造成很多家庭杀婴或弃养，贫民子女为避免增加新户而推迟婚期，逃避赋役的人口无法正常增殖。秦汉至明代实行的兵役和劳役，使大多数适龄、身体正常的男子必须有一段时间离家服役，降低了人口的出生率。对僧尼的优待使一些人出于逃避赋役的目的而出家。

刑法制度对惩罚刑事罪犯，维持人伦道德，稳定社会秩序起了积极作用，有利于人口的增长。但在大多数情况下，对平民的刑罚既严又滥，法外施刑相当普遍。遇到残暴的君主和严酷的官员，或者是统治集团内部权力斗争、人民反抗暴动一类"谋反大逆"，一次杀数千甚至数万人的案子也屡见不鲜。至于地主对佃农、主人对奴仆、家族对其成员施加刑罚以至处死，在事实上大多是不受法律追究的。

传统思想和习惯影响

"不孝有三，无后为大"的观念一般起着鼓励早婚早育、多育的作用，即使是平民百姓或贫穷家庭，也会想出各种办法，如为了避免儿子成年后无力娶妻，在幼年时就领养"童养媳"；为节省婚嫁费用，实行"换亲"；甚至出现"借妻生子"、一妻多夫的现象。但由于"后"只指男性后裔，因而对人口增长也起了相反的作用：对衣食无忧的官僚地主或富人来说，"无后"是纳妾多妻的正当理由，但这最多只是提高他们自己家庭的出生率，对整个社会来说只会起降低平均生育率的作用；不可能养活太多子女的贫民则采取杀女婴的办法，以便养活已有的男孩，或者可以继续生育直到获得男婴。

此外，一些迷信习俗、宗族观念和社会习惯势力对人口增长的影响更直接地反映在人口再生产方面。

五、中国历史上的移民类型

从远古开始，人类就以迁移作为寻求新的生存空间和资源、躲避天灾人祸、创造更美好的生活的主要途径。中国历史上的移民规模大、范围广、距离长、形式多，为中国疆域的形成和稳定、中国各族的形成和中华民族的定型、文化的传播和经济的开发、城市的兴起和扩大作出了重大的、决定性的贡献。

自北而南的生存型移民

从秦始皇于公元前3世纪征发数十万人征服南越起，由黄河流域向长江流域和南方各地的移民一直没有停止过，但在正常情况下，他们的迁移都是零星的、缓慢的、无组织的。公元初的两汉之际曾经出现过一次人口南迁，但持续时间不长，而且多数人在北方恢复安定后又返回故乡,没有成为真正的移民。东汉末年至三国期间,大批北方人南下避难,北方移民构成统治集团的蜀国和吴国的建立使多数难民在南方定居。以后又出现了三次黄河流域的汉人南迁的高潮:从4世纪初的西晋永嘉年间(307—313年)到5世纪中叶南朝宋元嘉年间(424—453年),从唐天宝十四载(755年)安史之乱爆发至唐末五代,从北宋靖康元年(1126年)到南宋后期。这几次南迁几乎遍及整个黄河中下游地区,时间持续百年以上,移民总数都在百万以上。其中第三次南迁的余波一直延续到元朝。即使在这几次高潮以外的近千年间,北方人口向南方的自发的、开发性的移民也从来没有停止过。

从秦汉至元末由黄河流域向长江流域及其以南地区的自北而南的移民是中国移民史上最重要的一章,其规模和影响远远超过了其他任何一类,这绝非偶然。

秦汉以前黄河流域气温较高,气候温和,雨量充沛,适宜人类的生存和生产。黄土高原或黄土冲积平原土壤疏松,原始植被不太茂密,较易清除,在金属工具不普及的条件下更容易开垦。而长江流域气温偏高,降水量太大,过于湿热,疾病流行,排出积水困难,土壤多为黏性,原始植被茂密,缺乏铁器就难以开垦。黄土高原比较平坦,在水土流失不严重时有大片的"原"和"川"(台地、高地或河谷平原),华北平原更是成片的大平原,交通便利。而长江流域地形复杂,山岭崎岖,平原面积小,河流湖泊多,交通条件差。

西汉末年,黄河流域自燕山山脉以南、太行山和中条山以东、豫西山区和淮河以北这一范围内的人口密度为每平方公里77.6人。这一地区的面积占西汉疆域的11.4%,而人口占60.6%。如果以淮河和秦岭为界,北方的人口占80%以上,南方还不足20%,许多地方还基本是无人区。西汉后期,在人口稠密的关中、关东,已出现不少人均土地很少的"狭乡",已无法使人人有地种,更不能养活新增加的人口。但在长江流域,到处是有地可垦的"宽乡"。这一有利条件吸引着北方无地少地的农民南迁,西汉和东汉期间都有大批来自黄河流域人口稠密地区的农民自发迁入长江流域,特别是长江中游。

在黄河流域遭受严重自然灾害、无法就地救济时,由于它的北方、西北和东北大多是游牧民族或非汉族的聚居区,自然条件也不理想,除非发生战乱,灾民一般不会迁去,所以主要的流向还是南方的长江流域。灾民的南迁本来是临时性的,在灾害过后应该返回故乡。但南方自然条件的优越在东汉以后已经很明显,加上地多人少因而比较容易获得土地,一部分灾民就此在南方定居。

秦汉开始,黄河流域一直是政治中心所在,这一特殊地位引出了两方面的后果。一是战争动乱特别多,异族入侵、内部叛乱、改朝换代都以夺取现政权的首都为最终目标,首都附近往往是战争规模最大、持续时间最长、波及范围最广的地区。战乱时百姓的逃避方向不一,但仍以南方为主。中原王朝在北方无法维持时,也以南迁为主要退路。政治中心南移不仅带走大批人口,而且大大提高了移民的素质。后果之二是黄河流域贵族、官僚、地主、豪强集中,土地兼并剧烈,赋税负担沉重。

不仅贫苦农民生计不易,就是中小地主也常常有破产之虞。而南方赋税较轻,土地较易获得,还有很多官府暂时管不到所以不必纳税的地方。如元朝初年,北方赋役特别繁重,流民南迁者络绎不绝,以至官方不得不设立关卡查禁。

随着年平均气温的下降,黄河流域早期开发的优势已逐渐转化为劣势。在农业人口大量进入黄河中游开垦后,水土流失越来越严重,沟壑遍布,大片的原和川不复存在,也造成下游水患不断。黄河的决口改道不仅毁坏大量农田,还扰乱了水系,淤塞湖沼,抬高地下水位,加速了土地的盐碱化。

南方农业生产的不断进步,包括10世纪起双季稻引种的成功,为日益增加的人口提供了越来越多的粮食。至元代,南北人口之比达到了中国人口史上的极点,南方的实际人口估计占总人口的80%以上。

14世纪后期的明朝初年,朱元璋组织了大规模的由南而北的移民,并鼓励百姓迁往人口稀少地区,今江西、浙江、江苏和安徽的南部都有大量人口输出,江西成为最大的移民迁出地。由于南方的人口继续增长,再也无法容纳外来移民,本地人口也开始向山区和上游迁移,持续了一千多年的人口南迁至此结束。

以行政或军事手段推行的强制性移民

按其目的,这类移民又可分为五类:

政治性或控制性

相传商放夏桀于南巢,商的遗民被迁至宋和洛邑,春秋战国时被灭诸侯的宗族被迁,秦始皇灭六国后迁其国君和宗族于内地,说明此类移民由来已久。

秦始皇将政治上潜在的敌对势力迁入首都一带,迁天下豪富12万户于咸阳。西汉迁关东豪强于首都长安及附近的陵县(因皇帝陵墓而设置的县级政区),百余年间移民及其后裔达120万,几乎占关中人口之半。此后的三国、东晋、十六国、南北朝,凡是一个政权灭了另一政权,无不随之进行一次规模不等的移民,亡国君臣、都城百姓,甚至某一重要地区的主要人口都被战胜国迁入其首都或指定的地区。

首都迁移时,为了加强和巩固新都的地位,也必然要进行大规模的移民,如曹魏移民于洛阳一带,北魏孝文帝将平城(今山西大同)、代郡一带百余万人迁往洛阳和河南,武则天移民于洛阳,明成祖迁都北京后迁入数十万人口等。

随着中央集权体制和地方行政统治的加强,从唐以后这类迁移的规模已大为缩小,一般只涉及少数人口。

掠夺性

这类移民的目的,既是削弱对方,也是增强自己,并利用所掠人口充当士兵、奴隶、工匠或农业劳动力。在敌对政权间的战争中,当一方短期占领对方领土时,往往采用这一手段。北方游牧民族尚未以夺取中原为目标时,也经常在缘边地带掳掠人口，有时甚至深入内地。如匈奴对西汉、突厥对中原、契丹和辽对华北、蒙古和元对金、后金和清对明朝北方，都曾掠走数十万至百万以上的人口。分裂时期，各国间掠夺性的移民特别频繁，如十六国、南北朝期间。

惩罚性

相传尧曾将"四凶"流放到边远地区。战国后期，秦国已实行将罪犯迁往蜀地的法律，并规定其中部分人终身不得返回。秦汉以后，有期或无期的流放已成为一项正式刑罚，而专制君主往往任意扩大流放的范围，如秦始皇将贾人（商人）、赘婿（结婚后招入女方家庭的男子）迁往边疆，动辄数十万。汉朝时一些大案经常产生数万流放对象。朱元璋将江南富户迁往自己的故乡安徽凤阳，并对他们实行严格的管制。

这类对象中的一部分，可以定期或不定期返回原地，另一部分则就此定居于流放地，甚至子孙都不许迁离。统治者往往将流放与地区开发和巩固边防结合起来，以新开发地区和边疆为流放地。这类移民的数量一般相当大，多少有些积极意义。纯粹的惩罚性移民多选南方、西南、西北、东北等生活条件差的地方，这些人数量不多，多数有返回的机会，其中不乏官员、文人，对迁入地文化水准的提高起不小的作用。如清初汉族流人促进了东北文化经济的发展，并留下了不少有价值的记载。对具有政治危险性人物的迁移，则以与世隔绝为第一要求，所以处于闭塞山区、交通十分不便的房陵（今湖北房县）长期充当这样的场所。

民族性

中原成为华夏（汉族）的一统天下后，内部的移民不再具有民族特点。但华夏对周边民族的迁移，尤其是以行政或军事手段实施的移民，往往还是以民族为单位。如西汉迁越人于江淮之间及迁匈奴降人于西北边区，东汉迁南匈奴于塞内，东汉及魏晋迁羌、氐等族人口于关中，十六国期间后赵、前秦等政权将各族人口迁至都城附近，唐朝将突厥等各族降人迁至长安一带、将高丽民户迁于中原各地，辽将渤海人内迁，明初内迁蒙古降人等，都是这类性质。这类移民有时超过百万。如果被迁民族安置在汉人较少地区，又比较集中，迁入民族能够保持相当长的时间，如东汉的南匈奴、十六国时的诸族。如果迁入中原内地，置于汉族的汪洋大海之中，他们就会很快消失，融合于汉族之中。

军事性

一个政权为了加强自己的统治、巩固边防或达到某项军事目的，往往需要将部分人口迁至边疆或军事要地。除了通过轮流征调兵役以外，还要有固定的人员或定居移民。由于迁入地一般生活条件差，又有一定的危险性，仅仅依靠招募或资助还得不到足够的人数，所以经常采用强制手段，或者与惩罚性移民相结合，以罪犯充数。在中原王朝开疆拓土期间，这类移民数量最多，并能与边疆地区的开发结合，收到较好效果，如西汉、唐朝和明朝的前期。而在国力衰退阶段，一般只能组织少量纯军事性的移民。战乱中的相持阶段或乱后的恢复阶段,这类移民也会与地方的经济恢复相结合,以军人或退伍军人为主实行屯垦,如三国时的屯田。这类移民是否成功,能否巩固,关键是移民是否能有安全的环境并能就地生产足够的粮食。否则,依靠强制手段集合起来的移民是不可能真正定居的。

以上类型的移民都不是自愿的,往往在迁移过程中就造成了很大的损失。但只要与经济开发结合,符合实际需要,还是会产生积极的后果。有的移民虽然在经济上付出了一定的代价,但对政权的巩固、政治中心的稳定、边防的加强和迁入地区的经济恢复起了重要作用。由于这类迁移过多考虑政治或军事利益,忽视经济和自然条件,常常造成长期难以解决的困难或无法消除的后果,如迁入人口超过了当地可供粮食的能力,或迁出人口过多使迁出地的经济长期不能复原,或盲目开发加剧水土流失和环境破坏。强制性移民必然引起被迁对象的不满和反抗,只有凭借强大的政治压力和军事实力才能完成。如果移民不能顺利定居,一旦压力消除,他们就会回流。

明朝以后,除了清朝入关前有过掠夺性的移民外,这类强制移民基本已成历史。明初的移民已是强制与鼓励相结合了,相当多的移民是在移民大潮的带动下自发自愿迁移的。根本原因是庞大的人口数量所产生的压力,以至在中国内地已很难找到大片的人口稀疏区供统治者进行大规模的强制性移民。另一方面,由于大多数地区的人口密度已经很高,即使遇到天害人祸后出现人口下降,依靠自身的增殖和毗邻地区的补充,很快就会复原,没有必要从外地迁入大量人口。太平天国战争后的长江下游平原就是一个很好的例证。19世纪后期,清政府虽然对移民东北和台湾采取了一些鼓励措施,但即使没有这些措施,迫切需要获得土地和生计的过剩人口也会迅速填满这最后两大片移民的乐土。

从平原到山区、从内地到边疆的开发性移民

在正常情况下,人类总是选择自然条件较好的地方从事生产。丘陵山区与平原相比,一般存在气温低、日照时间短、灌溉不易,耕种不便、土地面积小、运输困难等缺点,所以除非有天灾人祸,在平原上的土地还没有充分开发利用之前,人们是不会转而开发山区的。即使进入山区,也限于其中条件较好的局部,或者从事矿冶、采伐、养殖、狩猎等非农业生产。

黄河流域及其以北也有丘陵山区,但因气温低、干旱缺水,利用和开发更加困难。而且在相当长的时期内,长江流域和南方是北方过剩人口理想的移殖区。对北方无地农民来说,第一选择自然是迁往自然条件更好、土地富余的南方。

到明朝中期,南方的人口已突破1亿,能够开垦的平原、缓坡地和低丘地基本都已加以利用。开发山区已成必然趋势,成千上万的流民已不计效益和后果,自发涌入山区。但长江流域山区的开垦也有很大障碍,由于坡陡、土薄、灌溉和保水非常困难,只能种植对水、土、肥要求不高的旱地作物。早熟稻尽管生长期较短,用水量较小,也只能在能保水的缓坡地或梯田栽种,

无法扩大到山区。

从16世纪开始传入中国的美洲粮食作物番薯、玉米、花生、土豆及时解决了这一难题。这些作物对土壤、灌溉、肥料的要求较低，完全适合干旱的山地种植，不会与水稻争地，这才使南方山区的开发成为现实。

明末的严重自然灾害和持续战乱大大削减了人口高峰，也推迟了向山区的移民。经过17世纪后半期的恢复，这一高潮终于在18世纪不可避免地再次到来。从长江流域到珠江流域，从浙闽丘陵到云贵高原，大片原始森林被砍伐，天然植被被清除，一切可以利用的土地几乎都种上了玉米、番薯。立竿见影的好处和充足的粮食吸引来了更多的移民，也刺激着已经定居的移民以更快的速度增殖人口。在越来越多人口的不断蚕食下，南方内地山区很快趋于饱和，到19世纪前期，移民高潮已成余波。

由内地向边疆的移民至少可以追溯到战国时赵国在开疆拓土后向河套、阴山以南的移民，燕国向辽东和朝鲜半岛的移民。这类移民在秦汉时已有了很大的规模，但只是出于政治或军事目的，并不是人口增加的必然需要，因为黄河流域的过剩人口完全可以迁往长江流域和南方各地。

但到18世纪前期，南方已经开发殆尽，北方的人口也达到了空前的纪录，一遇天灾，流民很难再找到避难就食的场所。所以尽管清政府不断重申禁令，却挡不住百姓向东北的迁移。在内地巨大的人口压力下，移殖边疆已经无需强制，问题是如何找到既适合农业生产又可以容纳不断增加的人口的开发区。

在开放东北的同时，内蒙古南部也开始放垦，接纳汉族农业移民。西北、西南边疆、台湾岛和其他适合耕种的海岛，也都成为毗邻地区输出人口的目的地。

边疆的开发也有一个从平原到山区的过程，一般总是自然条件较好的平原先成为移殖区，以后从平原扩散到山区。对非农产业的移民主要是根据自然资源和生产条件来考虑迁入地点。如在台湾采硫黄、炼樟脑，在东北挖人参、开金矿、伐木材，这类移民的移殖过程当然与农民不同。在近代工业和资本主义生产方式在移民迁入区出现后，移民的分布和定居过程又经历了新的变化，如东北的工矿城市、港口就吸引了更密集的移民。

由平原向山区的移民基本上是一个自发的过程，不仅官方从未作过系统的规划，就连官僚地主或学者文人也几乎没有参与，移民绝大多数是既无资产又无文化的贫苦农民，少数是企图发财致富的无业游民，因而不可能作必要的准备和起码的投入，完全是盲目的、急功近利的掠夺式生产。在开发过程中，自然资源、土地资源和生态环境都受到严重破坏，由此引起的水土流失还导致江河淤塞，水旱灾害频繁。这方面的恶果早就引起了人们的注意，一些地方政府或民间团体还制定过种种禁止流民进入或禁止开垦山林的规定，但在人口增长得不到控制的情况下，流民或过剩人口并没有选择的余地。

对边疆的移民因受到禁区开放过程的影响，并不是毫无规划，晚清对东北和台湾的移民就是考虑到了巩固边防的需要，但多数情况下还是处于自流自发的状态。

北方牧业或非华夏族的内徙与西迁

部分牧业民族或非华夏族曾经与从事农业的华夏族共同生活在黄河流域，直到春秋战国时期，在今山西、河北、陕西、山东、河南境内都还分布着戎、狄、胡、夷等族。随着华夏人口的增加和农业区的扩展，他们的容身之地越来越狭窄，其中一部分人被周围的华夏人所同化。以渔猎和采集为生的民族有可能向南迁移或迁入黄河流域人口稀少的地方，但坚持牧业的民族却只能向北、西两个方向迁移，因为只有那里才有适宜牧业的气候和大片不受农业民族影响的游牧场所。羌、狄、戎、胡等族的主体都迁离了黄河中下游地区，到战国时秦、赵、燕等国在北界筑起长城，秦代和西汉又续修长城，游牧民族与农业民族分割的态势已成定局。

与农业民族相比，牧业民族抵御自然灾害的能力更弱，因此在严重的、大范围灾害发生时，只能作长距离的迁徙。在与南方农业民族接触和交往中，牧业民族得到了粮食、纺织品、金属等物资，以后又增加了茶叶和其他日用品，并逐渐养成了使用、消费这些物品的习惯。汉族统治者则往往以断绝这些物资的供应为对抗手段，使牧业民族的生存受到威胁。

对牧业民族来说，南下或内徙是最方便的途径，但当中原政权军事实力强大时就无法如愿。为了逃避自然灾害和敌方的军事打击，只能选择前途未卜的西迁。秦汉之际游牧于敦煌、祁连山之间的乌孙与月支（氏），因受到匈奴的军事压力，于公元前2世纪先后迁往今伊犁河、伊塞克湖一带和伊犁河上游。在严重的自然灾害的打击下，又迫于汉朝的军队和南匈奴军队的联合进攻，北匈奴的一支自蒙古高原西迁中亚，以后又进入欧洲。崛起于蒙古高原的回鹘于9世纪灭于另一个草原民族黠戛斯，余众的主体西迁至今新疆和中亚，少数南迁的只能向唐朝的边将投降。

在中原政权军事失利和政局混乱时，牧业民族或逐渐迁入内地，或随着军事入侵进入黄河流域，甚至长江流域和南方各地。由于汉族在文化、经济方面处于领先地位，加上生活和生产条件的改变必然导致这些民族生活和生产方式的变化，内迁的民族多数最终接受了汉族文化，逐渐融合于汉族之中。在本民族的政权灭亡，汉族政权重新建立以后，融合的速度更加迅速。凡是牧业民族的主体迁入汉族地区并经历了较长时间的，几乎很少能重新迁出。

东南沿海地区对海外的移民

中国的东南沿海，从杭州湾至雷州半岛，分布着一连串面积不大又互不相连的平原，在平原之间是丘陵或高山。在这些平原的背后，一道道东北至西南走向的山脉将这些平原与中国内陆分割开来。这样的地形条件，尤其是在人类的生产力低下，原始植被尚未清除的情况下，这些平原与内陆的联系受到极大的障碍,相互之间的陆上交通也存在很大的困难。所以,海上交通,特别是沿岸近海以及附近岛屿之间的航行成为有效的手段。

这些平原远离华夏文明的中心,这里的早期居民都属百越系统,秦汉以来虽然已逐渐被大批迁来的汉人所同化,但毕竟还不如内地汉人那样向往中原。这种非向心性甚至离心性的心态和习性因地域和地形条件不同而异,一般说来以闽中南和粤东沿海最为突出。

这些平原的范围不大,农业生产潜力有限。但由于海洋能提供鱼、盐以及其他丰富的水产品,对海外的贸易更能带来巨大的财富,所以对沿海人民具有比土地大得多的吸引力。东南沿海地区本来人口很少,西汉时又将今浙江中南部和福建境内的越人迁走,福建几乎成为无人区。东汉末和三国期间的南迁、永嘉以后的南迁带来的移民,最初主要定居在今浙江北中部和江西北部,进入浙江南部和福建的还很少。直到唐朝安史之乱前,尽管福建的人口已经有了很大增长,但还没有出现地少人多的矛盾。在安史之乱后北方人口再次南迁的连锁影响下,唐末开始有较多人口迁入福建。经过五代期间和北宋前期的开发,到北宋后期,福建有限的土地要养活日益增加的人口已经显得相当困难。南宋时盛行杀婴之风,而福建是最严重的地区,不仅平民百姓和穷人这样做,连士大夫阶层和富人也如此。残酷的杀婴在一定程度上缓解了当地的人地矛盾,但却不可能从根本上消除相对过剩的人口。由于毗邻的浙江、江西的平原地区同样人满为患,不可能成为福建人口的移殖区,移民只能从福建西南部进入人口相对较少的广东东部。但广东东部的平原面积不大,山区能够容纳的人口更加有限,所以这一出路能维持的时间不长。在这种情况下,移殖海外必然成为主要出路。

秦汉以来,东南沿海地区已经纳入中原王朝的疆域版图,汉族很快成为该地区的主要民族,汉文化随之取得主导地位。从此,无论是统一王朝,还是割据政权,统治者都持以中国(中原)为中心的观念,实行以农为本的政策。统治者鼓励甚至强制百姓安土重迁,永作顺民。他们鄙视和歧视一切异国和异族,自然反对百姓移居外国,成为异族。同时他们对异国和异族又存在着本能的戒心和恐惧,为了自身的安全,往往会采取过于谨慎的做法,对正常的贸易和交往也加以限制或禁止,而毫不顾及经济上的损失。统治者对出于各种原因而移居外国的人都视为贱民、异类,甚至当作盗匪和叛逆,为此还制定过极其严厉的刑法。即使是在中国历史上比较开放、中外交流相当频繁的阶段,当时的政府主要也只是允许外国人来中国贸易、求学、游历或定居,而不是同时允许中国人也这样做。早在南宋,福建有限的土地已经无法负担日益增加的人口,只是由于毗邻的广东还有开发的余地,宋元之际的战乱推迟了新的人口高峰的出现,才使人口压力有所缓和。明初实行海禁,清初执行迁界,都严格禁止百姓出海谋生。当地人均土地越来越少,平均生活水准越来越低,冒险非法出境的移民则越来越多。

从16世纪开始,出现了两种统治者无法控制的因素,大大加快了移民海外的进程。一是本地的人口压力,一是西方殖民主义、帝国主义国家对廉价劳动力和初级产品的迫切需求以及它们所采取的残酷无耻的掠夺手段。这些国家在殖民地利用华人劳工生产经济作物和矿产品,又使用华人从事本土的开垦和建设。鸦片战争后,招募、诱骗、掠夺华工的规模和数量激增,华工的去向也从东南亚扩大到北美、南美、非洲、澳洲和欧洲,部分幸存的华工成为这些国家的定居移民。而且随着沿海口岸的开放,输出移民的地区已不限于闽粤沿海,通商口岸和列强某些据点也成为为移民的集合地。移民仍以贫苦农民为主,但也逐渐扩大到其他阶层,包括一些上层人物。

到20世纪,中国在海外的侨民和外籍华裔已有数千万。由于这一迁移过程经历了好几个世纪,所以除了在集中输出地对缓解人口压力有较大作用外,对全中国早已极其庞大的人口总量来说,影响是很有限的。但中国的海外移民对所在国和中国本身经济、政治、文化和社会各方面的贡献和影响之大,已为举世公认,是无法用他们的数量来衡量的。

六、迁移和融合——中华民族的形成

今天中国有56个民族,都是中华民族大家庭的成员。

中华民族这个民族共同体的形成和巩固有多方面的原因,但离不开各民族人口之间的迁移和融合。

汉族的壮大

汉族是各民族中人口最多的一个,是中华民族的主体,但汉族本身就是民族融合的产物,而融合的基础就是通过迁移实现的民族间的共处杂居。

汉族的前身是华夏诸族,或者被称为诸夏,本意是夏朝的一些主要部族,或者是指居住在夏朝中心地区那些部族,聚居在黄河中下游一带。以后尽管商朝取代了夏朝,但作为人口的主体，诸夏的聚居地并没有改变，并且日渐扩大。长期共同的生产和生活，使诸夏结成同一族或同一"族类"，并未受到朝代更迭的影响。他们虽然沿用诸夏的名称，实际上已包括商人与周人的后裔，到春秋时期，已经包括中原地区的大多数人口。

早在西周初，周朝就通过分封的方式，将本族的贵族和人口迁往各地，扩大了居住和开发的范围。经过春秋战国的激烈争夺和兼并，中原地区的非华夏族如戎、夷、狄等族所剩无几，华夏诸族的聚居区已连成一片。部分戎、夷、狄等人迁离中原，但多数人已融合于华夏，成为华夏诸族的一分子。正因为如此，到战国后期，华夏诸族已经构成各国的人口主体。连国君曾经以"蛮夷"自居的楚国，也已认同于华夏。到西汉时期，尽管在其疆域内部还存在着明显的地域文化差异，但在中原地区生活的人口都被称为"中国人民"（见《史记·货殖列传》），而在直接统治的郡县内的人口都被当作华夏诸族或归于王化的汉朝臣民。

从秦朝开始实施的一次次移民，将大批华夏人口，包括已认同华夏的其他部族人口，从中原迁往南方、西南、西北、东北等地，例如秦始皇将征岭南的军队留驻南越，并补充迁去数万妇女；将数十万人迁至河套和阴山以南地区；派遣行政官员和军队至西南夷聚居区；将六国俘虏和降人安置在西南、西北或交通闭塞地区。西汉时多次移民实边，汉武帝时将关东贫民72万人迁往河套、河西走廊、河湟谷地和西北其他地区。在中原发生战乱时，又有大批人口迁往南方，如在两汉之际、东汉末年至三国、西晋永嘉之乱至南朝、唐朝安史之乱至五代,宋朝靖康之乱至元朝,都曾有大量中原人迁往江淮之间、长江流域、岭南、海南岛以至今越南境内。明清时,北方的山西和南方的江西成为重要的移民发源地。"江西填湖广(含今湖北、湖南两省)"、"湖广填四川(含今四川省、重庆市)"持续不断,并在清初达到高潮。山西洪洞大槐树也成为迁往北京和华北移民的出发地。清末至民国的"闯关东"(由山东、河北等地迁往东北)、"走西口"(山西、河北、陕西等地迁往内蒙古)等大规模移民将大量汉族人口迁至待开发或待恢复地区以及边疆。这些移民使华夏(汉族)人口的分布范围几乎遍及全国,也使华夏(汉族)人口在各地所占的比例越来越高,在大多数地方成为多数和主要民族。

华夏(汉族)的迁入地原来都有当地的民族,如西北和河西走廊、河湟谷地有匈奴、羌,西南有蜀、巴、氐、西南夷,南方有百越、瓯越、蛮、僰、僚、俚等,都曾经是当地的主要人口。但随着华夏(汉)人的大量迁入,这些民族的人口中,除少数迁出或保留原来的民族外,大多数人已与迁入的华夏(汉)人融为一体。南迁的华夏(汉)人开始往往集中在行政中心、交通要道旁和适宜开发的地方,随着人口的增加,必然要扩大到周围的平原、谷地、丘陵和山区,免不了会与当地民族或土著人口直接接触。其中可能会有冲突以至争斗,但华夏(汉)人拥有文化、经济和政治上的优势,处于有利地位。当地民族中一部分人出于对先进文化和生产方式的追求,也为了消除民族歧视的压力,会逐渐接受华夏(汉族)文化。为了彻底摆脱"蛮夷"的身份，他们一般都通过编造族谱的办法，证明自己也是炎黄子孙，本家族同样发祥于中原，与后迁入的华夏（汉）人并无本质上的区别。特别是明清以来，随着汉族移民大规模深入南方、西南的少数民族聚居区，大批少数民族人口先后被自觉或不自觉地改变为汉人。

在北方，这种融合是伴随着其他民族的不断内迁而进行的。历史上存在于中国北方和周边的很多民族，如匈奴、东胡、鲜卑、乌桓、羯、氐、羌、丁零、吐谷浑、突厥、昭武九姓、沙陀、回纥、党项、契丹、靺鞨、女真、蒙古、满等，大部分今天已经不复存在，尚存在的民族的聚居区和数量也已发生很大的变化。但除了迁往或存在于境外，它们的绝大多数后裔早已融合于汉族。这一过程都是发生在他们迁入汉族聚居区后，由于生产和生活方式的改变，他们的民族观念也随之发生变化，加上汉族在政治、经济、文化各方面优势的吸引和压力，这些民族往往实行自上而下的"汉化"。即使是作为统治民族，以武力入主中原，也无法避免这样的命运，军事上的征服者最终成为文化上的被征服者。如匈奴，在西汉时就有一些人因被俘、投降、流亡等原因迁入汉地，像被俘的贵族后裔金日磾就已获得汉武帝的信用，成为辅佐昭帝的顾命大臣，金氏也成为西汉后期的世家大族。东汉时匈奴人大量南迁，由今内蒙古进入山西北部，多数人从事农耕。西晋时其上层人物以刘为姓，与汉族士大夫无异，起兵反晋时建国号汉，以兴复汉室号召。又如拓跋鲜卑所建北魏，在孝文帝力主下，将首都由平城（今山西大同）南迁洛阳，同时强制推行一系列"汉化"措施，如皇室与贵族均改汉姓，拓跋氏改为元氏；宗室重新婚配，与汉族世家大族通婚；南迁的鲜卑贵族大臣以洛阳为籍贯，死后就地安葬，不许归葬北方；改穿汉服，朝堂不许讲鲜卑语等。作为一个民族，鲜卑族很快消失。拓跋氏的后裔，如唐朝的元稹、元结、元载等，金朝的诗人元好问等，都已与汉人无异。

为什么汉族具有如此强大的融合能力呢？

首先得益于汉族占有的地理环境优势，黄河中下游地区是当时东亚最适宜农耕的区域，较早建成了比较发达的农业和农业文明。在只拥有原始工具的条件下，黄土冲积平原比较容易开发，三四千年前黄河流域的年平均气温比现在高，降水量丰富，自然环境较好。相比之下，周边的其他民族，无论是北方的游牧民族，还是南方的狩猎、采集民族，低水平的农耕民族都不具有那样的优势，或者范围太小，人口太少，仅够维持自身的生存和繁衍。南方气温过高，多雨潮湿，疾病流行，原始植被过于茂密，土壤粘接，开垦相当困难。

不容否认，大量非华夏（汉族）人口被融合进来，也是各民族间并不存在真正的平等、民族歧视长期存在的结果。早在春秋战国时代，儒家就强调"华夷之辨"，认为华夏诸族与蛮夷之间有根本的差别，不仅不可能平等，还应该坚持区别和隔离。适应于华夏的制度、规范、伦理、道德并不适用于蛮夷，而华夏具有天然的优势，是人类文明的典范。蛮夷的成员只有通过儒家的教化，接受了华夏的礼仪，才有可能成为华夏的一员。所以，非华夏（汉族）人要在中原王朝的统治下生存，想取得与华夏（汉族）同样的社会地位，唯一的办法就是设法改变自己的民族成分。在南方，由于非华夏各族与华夏（汉族）的外貌相似，只要通过编造一段由北方迁入的历史，制造出与此相适应的家族世系，就能变夷为夏。在北方，由于有些非华夏（汉族）的外貌、语言、姓氏难以掩饰，所以除了同样采用编造迁移历史，证明本族系早期由中原迁出，以后又迁回外，更多是强调本族归化日久，早已汉化。

但更重要的是，华夏（汉族）在歧视外族的同时，具有强烈的文化优越感，对本族的文化充满自信，因而在民族认同方面，从来不讲血统，只认文化。即使是高鼻深目、金发碧眼的"夷狄"，只要服我衣冠，用我语言，学我文化，就可视为华夏一员。相反，即使是本族人，如果抛弃华夏礼仪，违背儒家伦理，就等同禽兽，连"夷狄"也不如。华夏（汉族）对少数民族的歧视更多地表现在文化方面，而不是血统或种族。正因为如此，在汉族形成的过程中，融合其他民族始终是主流，单纯的民族冲突很少发生，已经融入汉族的其他民族基本没有出现过重新分化。流落在世界各地的犹太人始终没有被其他民族所同化，无不顽强地保持着自己的民族特色，唯有在宋朝迁入开封的一支犹太人，在没有受到什么压力，稳定地生存繁衍的同时，却逐渐放弃自己的习俗，逐渐消失在当地的汉族人口中。

今天，多数汉人自称"炎黄子孙"，视黄帝、炎帝为本族的共同祖先，是一种文化认同，反映了中国传统文化中"慎终追远"的观念。但作为一个多民族融合的产物，汉族的真正祖先是多元的，包括很多其他民族的祖先，其中还有今天境外民族的祖先。这是汉族的光荣，也是汉族强大生命力的源泉。

少数民族的形成和发展

汉族以外的少数民族也得益于人口的迁移和民族间的融合。

有些民族是先后从国外、境外迁入的,否则它们就不可能成为中华民族大家庭的一员。如朝鲜族,并不是古代朝鲜人、高句丽人或高丽、百济人的后裔,而是晚清从朝鲜渡过鸭绿江、图们江迁入中国的。又如俄罗斯人、塔塔尔人,都是近代迁入中国的。

第二类民族基本是在当地发展的,民族的主体没有远距离的迁移,但它们发展到今天也与其他民族的人口迁入有关,或者也吸收了其他民族的成分。例如藏族的祖先吐蕃人很早就居住在青藏高原,由于特殊的地理条件,外界的人口很少迁入。但从公元8世纪后期开始,吐蕃不断向外扩张,在9世纪前期曾经拥有今新疆的大部分、甘肃、四川西部和云南西北,并一度占领唐朝的首都长安,多次击败唐军。吐蕃曾将大批唐军俘虏和平民迁回青藏高原,其中的工匠、乐人大多被迁至都城逻些(今拉萨)。以后吐蕃势力衰落,基本迁回青藏,也有其他民族人口随迁。又如黎族、苗族、彝族、壮族、布依族、侗族、高山族等,它们的分布范围都曾随汉族的扩张而消长变动,其中一部分人口形成与汉族或其他民族杂居的局面。

第三种少数民族是以移民为基础形成,或者在形成过程中有过重大迁移,或者兼而有之。

譬如维吾尔、裕固、东乡、女真、蒙古、满、回族,历史上都有过长距离的迁移,有的民族本身就是移民的产物。例如维吾尔族,其主要来源是唐朝时居住在蒙古高原的回纥人,后来自己改称回鹘,一度相当强大,曾帮助唐朝镇压黄巢起义,但在9世纪前期被崛起的黠戛斯人攻灭,公元840年以后就开始迁移。回鹘人的主体迁入今天的新疆,与当地民族结合,又吸收了外来移民,形成维吾尔族。还有一支迁到河西走廊,中国历史上称为河西回纥,又叫做西州回鹘,以后散布于今甘肃、青海、新疆交界一带,以后又迁到甘肃省西部定居,成为今天的裕固族。又如东乡族,元朝时从中亚的撒马尔罕迁过来,以后在甘肃形成一个新的民族。

女真人本来居住在东北黑龙江、松花江流域,建立金朝后先后灭了辽朝和北宋,女真人大规模迁至黄河流域,以后在蒙古人的进逼下连首都也迁到了开封。女真虽是统治民族,人数却不多,所以金朝统治者有意识地将他们分散到各地。金朝亡后,这些女真人大部分留在中原,以后基本被汉族融合。少部分女真人迁回到东北,与当地其他民族结合形成满族。1644年清兵入关后,满族的主体从东北迁到华北,以北京为中心。但以后为了统治全国,将满人分散到各地,多数省城都有满人的聚居区满城,主要由满人组成的八旗兵到各地驻防。由于满人特殊的政治和社会地位,又大多聚居,加上清朝长期不许满汉通婚,民族特色得以保存。但满族已经远离了本身的发祥地,又处于汉族人口与中国传统文化的包围之中,不可避免地在各方面都受到影响,普遍弃武习文,中上阶层形成了讲礼节、听京戏、养鸟、习书画等新的风尚,多数人已不懂满文。进入民国后,失去统治地位的满族出现迅速融入汉族的趋势,有的改姓,有的与汉族通婚,有的放弃满族身份,但也逐步形成了新的满族聚居区。

回族是典型的移民民族,因为回族本身就是移民的产物。回族的形成源于蒙古人西征,西征后返回或进入中国的蒙古人从中亚、西亚、东欧带来一批士兵、工匠和平民,被称为"回回",回回中一部分人已经成为蒙古军人或军政官员。回回来自不同的国家和民族,种族、语言、风俗习惯不尽相同,但他们都信仰伊斯兰教,共同的宗教信仰成为他们结合的基础。加上元朝实行等级制度,将回回划为色目人,仅次于蒙古人,而居北人(汉人)、南人(原来由南宋统治的汉人和其他族人口)之上。因此他们人数虽少,却没有被人数众多的汉族所融合。元朝境内还有些已经定居的阿拉伯人和中亚、南亚的移民,宗教信仰使他们很容易与回回结合。今天的回族就是由这些移民逐渐形成的。回族在保持自己宗教信仰的同时,在世俗生活中大量吸收了汉族文化,如使用汉字和当地方言,接受部分儒家观念和伦理,参加科举考试和官员选拔等。

多民族共同体的形成

今天的中华民族是一个多民族的共同体。中华民族并不是一个单一的民族,组成它的56个民族都保持着各自的民族特点,没有哪个民族已经融入其他民族。同时它又不是一个简单地按领土范围划分的民族集合体,而是彼此之间有着密切联系和共同利益的自觉的民族实体。

这个民族共同体的形成有内部和外部多方面的条件。

就内部条件而言,移民曾经发挥经常性的、巨大的作用。移民不仅使汉族和其他民族增加了人口,提高了质量,更重要的是表现在通过相互移民建立起来的精神和物质上的联系。这种通过移民建立起来的联系远远超过了一般的物资交流和人员往来,而是逐渐造成一种"你中有我,我中有你,密不可分"的局面,在感情和观念上起着潜移默化的作用。各民族为了追求自身的进步和幸福,争取民族平等和共同发展,越来越意识到巩固这个民族大家庭的重要意义,更加自觉地维护民族团结,在这一过程中逐渐形成和增强中华民族共同的心态和观念。

就外部条件而言,一百多年来帝国主义列强对中国的侵略和由外部敌对势力所造成的生存压力,从反面促进了中国各民族之间的联系和团结,增强了中华民族的凝聚力。这种凝聚力因移民而更趋稳定,更加坚强,日益深入。

56个民族、13亿人口结成世界上最强大的民族共同体——中华民族,必将谱写中国历史崭新的篇章,也将为人类作出更大的贡献。

1

图书在版编目(CIP)数据

疆域与人口/葛剑雄著. —上海:复旦大学出版社,2010.8(2021.6重印)
ISBN 978-7-309-06844-3

Ⅰ. 疆… Ⅱ. 葛… Ⅲ. ①疆域-历史地理-中国
②人口-历史-中国 Ⅳ. K928.1 C924.2

中国版本图书馆 CIP 数据核字(2009)第 149421 号

疆域与人口
葛剑雄 著
责任编辑/史立丽

复旦大学出版社有限公司出版发行
上海市国权路 579 号 邮编:200433
网址: fupnet@fudanpress.com http://www.fudanpress.com
门市零售: 86-21-65102580 团体订购: 86-21-65104505
出版部电话: 86-21-65642845
浙江新华数码印务有限公司

开本 850×1168 1/32 印张 5.75 字数 104 千
2021 年 6 月第 1 版第 9 次印刷

ISBN 978-7-309-06844-3/K·260
定价:28.00 元

如有印装质量问题,请向复旦大学出版社有限公司出版部调换。
版权所有 侵权必究